EL MÉTODO
MONTESSORI

EL MÉTODO MONTESSORI
Edición: *Sonia Coluccelli*
Proyecto gráfico: *Margherita Travaglia/Studio*
Fotos: *stock.adobe.com/@Natalialeb*
Proyecto editorial: *Studio Newt*

Sonia Coluccelli (Introducción, conclusión)
Silvia Pietrantonio (*Maria Montessori* y *El niño de 3 a 6 años*, pp. 12-65)
Silvia Sapori Tirelli (*La educación Montessori en familia* y *La relación padre-hijo*, pp. 66-121)
Roberta Raco (*La educación Montessori en la escuela infantil* y *La escuela Montessori hoy*, pp. 122-181)

1.ª edición: enero de 2024

Título original: *Il metodo Montessori*

Traducción: *Manuel Manzano*
Maquetación: *El Taller del Llibre, S. L.*
Corrección: *Sara Moreno*
Referencias fotográficas:
Cortesia de Roberta Raco: pp. 36, 38, 42, 43, 46, 47, 49, 53, 61, 122, 124, 126,
127, 128, 130, 131, 133, 134, 140, 141, 144, 145, 150, 151, 153, 154, 156, 161,
162, 164, 165, 167, 168, 169, 170, 171, 173, 174, 175, 176, 179, 182, 185;
Cortesia de Silvia Sapori Tirelli: pp. 8, 34, 66, 69, 72, 73, 76, 79, 80, 82, 87, 88,
93, 95, 96, 97, 100, 105, 107, 111, 113, 114, 117, 118, 148;
Getty Images: pp. 12, 32 © ullstein bild, 17 © Popperfoto;
© www.stock.adobe.com: pp. 20, 41, 45, 50, 55, 57, 75

Este libro ha sido traducido con la colaboración del Centro del Libro
y la Lectura del Ministerio de Cultura italiano

Sonia Coluccelli

EL MÉTODO MONTESSORI

Para criar a tu hijo **de 3 a 6 años**
y ayudarlo a alcanzar su potencial

contribuciones de Silvia Pietrantonio,
Silvia Sapori Tirelli y Roberta Raco

Editorial OB STARE

Índice

Introducción

Sonia Coluccelli

L o que tienes entre las manos es un texto nacido de un círculo de mujeres, madres y maestras que han optado por seguir los caminos abiertos por Maria Montessori para la educación de sus hijos y en la medida de lo posible también por su propio trabajo.

Abrir camino es un talento de sólo unos cuantos, el de los que cambian un poco la historia de la humanidad. Pero a veces no es fácil aprovechar al máximo su legado. Esos caminos no siempre llevan al final del destino al que hay que llegar, a veces la vegetación se vuelve demasiado frondosa y obstruye parte del paso, obligando a desvíos inesperados, a pequeños caminos nuevos para explorar y seguir, sin perder de vista la ruta principal.

Dejando a un lado las metáforas: ser Montessori hoy significa sobre todo hacer las preguntas que la doctora de Chiaravalle se hacía hace más de un siglo y aprender de ella a observar, disponiendo ambientes y situaciones que permitan la libre expresión del niño, para permitirnos a los adultos comprender su funcionamiento específico para intervenir de la manera más adecuada y sin redundancias, interferencias, ayudas innecesarias y por lo tanto entorpecedoras. Esto es así tanto en casa como en la escuela. Y como padres, gracias a esa mirada, debemos también saber reconocer un jardín de infancia que ofrezca a los niños la oportunidad de ser vistos y de encontrar un hogar, la Casa de los Niños.

Cuando, el día de la Epifanía de 1907, inauguró su primer jardín de infancia en Roma, en Via dei Marsi, Maria Montessori tenía muchas ganas de que ese lugar adquiriese el nombre de «Hogar» para que, por un lado, acogiera y cuidara a aquellos que no tenían hogar, o lo tenían muy deteriorado, y por otro para que en ese lugar se creara una experiencia de comunidad y corresponsabilidad, no sólo un hogar para los niños, sino un hogar de los niños, en el que también estaban llamados a vivir con responsabilidad, así como en el hogar fami-

> Ser Montessori hoy significa sobre todo hacerse las preguntas que se hacía la doctora de Chiaravalle hace más de un siglo.

liar. Por eso hoy este texto se dirige a diversos adultos con responsabilidades educativas, padres y docentes que en los valiosos tres años de la primera infancia pueden ofrecer condiciones decisivas para los años y aprendizajes futuros.

Ésos son los años a los que Maria Montessori dedicó la mayor atención y para los que puso a nuestra disposición materiales de desarrollo e indicaciones escrupulosas y precisas sobre la predisposición del entorno y sobre el perfil del docente. Es del niño de 3 a 6 años de quien habla en su *Descubrimiento*, así como de la «mente absorbente» que, con una imagen eficaz, se describe con palabras claras y al mismo tiempo científicas tras años de estudio y observación.

Las opciones que, como adultos, elegimos para los niños en estos tres años contribuyen a crear las condiciones para la formación del hombre y la mujer que serán nuestros niños y alumnos. También por eso, los padres tienen una doble tarea: la de intentar orientar su acción educativa según los principios del método, un horizonte que se tiene en lontananza, pero probablemente inalcanzable, y también la de ofrecer a hijos e hijas un camino de educación que integre y complete la del hogar en un ambiente preparado y con docentes capacitados a tal efecto.

Este libro, por tanto, también orientará a las familias en la elección de la guardería para sus hijos, ofreciéndoles una brújula útil para ejercer su libertad de elección de manera consciente. Podemos aprender a estar atentos a las observaciones y preguntas que son significativas y útiles para comprender qué visión del niño impulsa las acciones de los adultos dentro de un entorno escolar; sacar a la luz esa visión y luego construir una auténtica alianza escuela-familia sobre estos cimientos significa emprender un

Las opciones que, como adultos, elegimos para los niños en estos tres años contribuyen a crear las condiciones para la formación del hombre y la mujer que serán nuestros niños y alumnos.

camino de calidad pedagógica al que tienen derecho, ante todo, nuestros niños y niñas.

Al respecto, Maria Montessori escribió unas palabras de absoluta actualidad: «Quienes tienen práctica en la escuela y los principales problemas pedagógicos que la conciernen saben cómo la armonía de las intenciones educativas entre la familia y la escuela se considera un gran principio, un principio verdadero casi inalcanzable. Pero la familia es algo siempre distante y casi rebelde; una especie de fantasma inalcanzable para la escuela. Es la primera vez, por tanto, que vemos la posibilidad práctica de realizar el tan celebrado principio pedagógico».[1]

Este texto realmente quisiera ser una herramienta valiosa que permita a cada vez más escuelas y familias ir juntas en esta dirección.

---

1. M. Montessori, *La scoperta del bambino*, Garzanti, Milán, 1991, p. 368.

1 Maria Montessori

(1870-1952)

Silvia Pietrantonio

E n todo el mundo basta mencionar a Maria Montessori para pensar en escuelas que llevan su nombre y, quizá, en un método educativo asociado a ellas. Sin embargo, en todo el mundo, Montessori también es un término que se presta a varios conceptos erróneos y malentendidos. Baste decir que la doctora se opuso repetidamente a la idea de que sus descubrimientos pedagógicos pudieran reducirse a un «método» didáctico o incluso pedagógico.

A lo largo de su larga y azarosa vida, Maria Montessori trató constantemente de hacerse oír como embajadora de una infancia poco entendida, relegada a escuelas inapropiadas e incomprendidas. Sin embargo, a menudo sentía que estaba rodeada de un público dispuesto a adorarla (y, en ocasiones, a criticarla ferozmente), pero menos a aceptar su mensaje.

Una vida para los niños

A juzgar por la situación actual de las escuelas, de los niños, del mensaje Montessori, está claro que no se equivocaba. Vivimos en una sociedad que, si bien aparentemente comprende la importancia de la infancia para el desarrollo de la vida humana, en realidad siente muy poca simpatía por los niños: es indiferente a su sufrimiento en la mayor parte del planeta y está dispuesta a satisfacer todas sus demandas en la parte más afortunada, donde, sin embargo, los niños y niñas crecen con demasiada frecuencia en contextos muy alejados de sus propias necesidades, donde la obesidad infantil afecta a casi uno de cada tres niños, mientras que casi la mitad de los niños pasan más de dos horas al día frente a la televisión, el ordenador o el *smartphone*. Incluso durante la pandemia de Covid faltó una reflexión compartida sobre las consecuencias a largo plazo de las diversas medidas y una atención colectiva a la necesidad de pensar en nuevos espacios y tiempos para compensar los meses de restricciones verdaderamente interminables.

Por eso, acercarse a Maria Montessori hoy sigue siendo urgente y fundamental, siempre y cuando mantengas el corazón y la mente libres, y antes de buscar respuestas, estés dispuesto a abrirte a sus preguntas. Así que, en primer lugar, ¿quién era esta mujer extraordinaria?

Los años de juventud

Para empezar, Maria Montessori no quería ser maestra. De hecho, la joven Montessori, en una época en la que a las mujeres se les prohibía la mayoría de las profesiones, se encargó de rechazar esa salida natural para una joven de buena familia como ella. Nacida en 1870 en Chiaravalle, en las Marcas, aunque pronto se mudó a Roma con su familia, Maria no había mostrado especial predisposición para el estudio, hasta que empezó la escuela secundaria. Fue entonces cuando su notable carácter tuvo su primera oportunidad de manifestarse: su elección no recayó en un instituto de enseñanza, sino en una escuela técnica, que lleva el nombre de Leonardo da Vinci, con una mayoría masculina casi absoluta.

Pudo completar con éxito su bachillerato y aparentemente quería continuar con los estudios de Ingeniería, cuando decidió, de repente, estudiar Medicina. Una elección igualmente inaudita para la época: cuando Maria se graduó en 1896, sólo otras dieciséis mujeres habían tenido éxito en ese camino, y en la facultad de su universidad, la Sapienza de Roma, ella fue la primera. El camino para convertirse en médica fue accidentado. En primer lugar, Maria tuvo que luchar para poder inscribirse, llegando incluso, al parecer, a pedir la intervención del Papa. Además, como única mujer en el aula, siempre tenía que entrar a clase en último lugar, observada y juzgada por sus colegas, quienes sin duda com-

> El niño es la mayor y más reconfortante maravilla de la naturaleza, no un ser sin fuerzas, casi un recipiente vacío para ser llenado con nuestra sabiduría, sino el constructor de su inteligencia, el ser que, guiado por un maestro interior, trabaja incansablemente con alegría y felicidad, según un programa preciso, para construir esa maravilla de la naturaleza que es el hombre.
>
> *Maria Montessori, La mente del bambino*

partían el arraigado prejuicio según el cual las mujeres no eran aptas para la profesión médica, ni para el resto de las demás profesiones (recordemos que en Italia, las mujeres tuvieron que esperar hasta 1965 para que pudieran acceder a la judicatura).

Chocó entonces con la fortísima aversión del gabinete de anatomía, donde la obligaban a practicar sola, y llegó a pagarle a un hombre para que fumara un cigarro cerca de ella, para poder soportar el olor de los cadáveres que debía diseccionar.

En cualquier caso, la joven Montessori pronto comenzó a ganar reconocimientos y honores, y encontró en la Psiquiatría un campo de especialización afín a ella, habiendo conocido a maestros (en particular a Clodomiro Bonfigli) que prestaban gran atención al aspecto social de la medicina y a la idea de que además de cuidar los cuerpos era necesario combatir la miseria y la injusticia.

El camino existencial de Maria Montessori se caracteriza por elementos diferentes y aparentemente contradictorios. Como ilustra Renato Foschi, uno de sus biógrafos: «Maria Montessori fue médica, psiquiatra, antropometrista, "experta" en psicología experimental, educadora, política, feminista, teósofa, laica, católica [...] la científica Montessori ha sintetizado, de cada una de estas personalidades "ocultas" y, en cierto modo, opuestas, elementos que encontramos en sus aplicaciones pedagógicas».[1]

En esta compleja historia, tras su graduación y el inicio de la práctica clínica, se acercaba un punto de inflexión fundamental para Maria Montessori: el encuentro con niños definidos en su momento como «oligofrénicos», «frenéticos» o «deficientes», niños abandonados en asilos sin ningún tipo de apoyo o proyecto e, igualmente fundamental, el nacimiento de su hijo Mario fueron los dos hechos que cambiaron definitoriamente su vida, y con ella la historia de la pedagogía.

---

1. R. Foschi, *Maria Montessori*, Ediesse, Roma, 2012, p. 14.

De San Lorenzo al mundo

La carrera de la joven doctora Montessori tuvo un comienzo muy prometedor. Montessori acompañó su práctica en la clínica psiquiátrica universitaria en aquellos primeros años con un fuerte y generalizado compromiso social a favor de los niños y las mujeres, adquiriendo cierta notoriedad.

El apoyo abierto a la causa feminista de Montessori se limitó a un período circunscrito en la larga vida de la estudiosa. Sin embargo, este compromiso social es importante para comprender los desarrollos posteriores de su carrera. La facilidad con la que supo conquistar al público y a la prensa desde el principio seguirá caracterizando cada una de sus empresas. Además, la gran pasión con la que Maria Montessori había luchado por la causa de la mujer refleja la que marcará su compromiso con el niño, animada por una convicción similar de que ella puede cambiar el mundo.

Como ya se mencionó, fueron los niños quienes empujaron a Maria hacia el punto de inflexión inesperado en su vida. Primero, los niños oligofrénicos. Eran niños olvidados por la sociedad, a veces padecían las más dispares patologías, a veces simplemente habían sido abandonados por su familia. Los niños que terminaban en los orfanatos estaban solos, ocultos en estructuras vacías y completamente ajenos a la idea de que era trabajo de las instituciones ofrecerles algo más que celdas desnudas y pan duro.

Montessori fue la primera en comprender cuánto necesitaban esos niños no una intervención médica, sino una educación. Para poder ofrecérsela, Maria se fue a Francia, donde visitó la clínica de Jean-Marc Gaspard Itard y Édouard Seguin, médicos famosos por su trabajo con Víctor, el «niño salvaje» (luego inmortalizado por Truffaut en la película del mismo nombre).

Montessori estudió con gran interés el trabajo de los dos médicos franceses, y reprodujo mucho material didáctico que había podido observar en su clínica, aunque en ese momento no se utilizaba. Montessori descubrió que estos niños oligofrénicos, olvidados, últimos de los últimos, eran «educables»; no sólo eso, dedicándose a ellos durante dos años de trabajo ininterrumpido, logró llevarlos al examen de educación elemental, el cual aprobaron mejor que sus compañeros «capaces». Estos niños sin duda fueron

fundamentales en la vida de Maria Montessori, pero detrás de su decisión de abandonar la medicina y emprender su revolución educativa hay otro niño: su hijo Mario, engendrado de su relación clandestina con Giuseppe Montesano, colega y colaborador.

Nunca sabremos por qué no se casaron y qué llevó a la decisión de confiar al pequeño primero a una nodriza y luego a dejarlo en un internado. No hay duda de que el escándalo de un embarazo fuera del matrimonio habría acabado con la carrera de Montessori; y sabemos que, cuando Mario tenía trece años, fue él quien eligió vivir con su madre natural (quien también lo presentó a todos como sobrino, y lo haría hasta su muerte) para no marcharse nunca de su lado, convirtiéndose en su colaborador más cercano y más preciado.

También sabemos que, tras el nacimiento de su hijo, Maria dejó todo y volvió a estudiar; asistió a cursos de Filosofía, obtuvo una cátedra de Pedagogía, comenzó a formar a maestros. Meditaba, buscaba la soledad: no podemos dejar de imaginarla sufriendo por la lejanía de su hijo. Fue en ese momento cuando tuvo la inesperada oportunidad de abrir una pequeña escuela para niños de 3 a 6 años en un popular barrio de Roma, en San Lorenzo.

El empresario, Edoardo Talamo, que había construido allí un complejo de viviendas sociales, quería que los niños demasiado pequeños para ir a la escuela no acabaran ensuciando o estropeando las áreas comunes, y le ofreció a la doctora Montessori, quien siempre gozó de cierta reputación, la oportunidad de pensar y diseñar un espacio dedicado a los hijos de los trabajadores y trabajadoras que vivían en esas casas. Niños menores de seis años, con quienes Montessori no había tenido la oportunidad de trabajar previamente. Así, el 6 de enero de 1907 se inauguró la primera Casa de los Niños, una sola habitación, equipada con muebles y materiales diseñados por la misma Montessori, un laboratorio, corazón de lo que ella misma definiría más tarde como «el descubrimiento del niño».

Incluso sin tener experiencia previa, Maria Montessori logró crear un ambiente ideal para los niños pequeños, perfecto para observar sus reacciones espontáneas. La maestra, Candida Nuccitelli, parece que era hija del cuidador del edificio y tenía, sobre todo, la tarea de observar a los niños.

Ella, como todos aquellos que la seguirían, recibió pocas instrucciones firmes, decididamente diferentes de lo que se esperaba, entonces como ahora, de una maestra: intervenir sólo después de una cuidadosa observación, no molestar al niño que in-

> El ser humano necesita saber cosas, y es mucho más capaz de aprender espontáneamente de lo que habíamos imaginado. También es cierto, sin embargo, que, si no se estimula la inteligencia de un niño, éste se retrae y su interés se desvanece. La mayoría de los niños así están condenados a desperdiciar su infancia, sin darse cuenta nunca de su potencial.
> *Maria Montessori, Educazione e pace*

tenta hacer cosas, no castigarlo ni recompensarle. Inicialmente incrédula, la maestra pronto le dijo a Montessori que los niños trabajaban solos, especialmente después de que se eliminaran los juguetes más tradicionales y se les diera libre acceso al material diseñado y construido por la doctora. Esto también fue un descubrimiento fortuito: si antes se ofrecía directamente el material a los niños, cuando se podía observar casualmente cómo se concentraban de una manera más natural después de haber elegido el material por sí mismos, se introdujeron estanterías bajas, abiertas y de fácil acceso, las que también encontramos hoy en todas las Casas de los Niños.

El experimento tuvo tanto éxito que en poco tiempo se abrió otra casa en San Lorenzo, en 1908, bajo los auspicios de la Società Umanitaria, la primera en Milán (dirigida por Anna Maria Maccheroni) y en 1909 la cuarta, en Via Giusti en Roma, con las monjas franciscanas.

Los niños, en estos espacios libres y adecuados, no sólo no podían destruir nada, sino que demostraban ser trabajadores incansables, educados, como renacidos y –maravilla de maravillas– comenzaron a leer y escribir de manera espontánea. Fue precisamente este fenómeno extraordinario (recordemos que estos primeros alumnos Montessori eran muy pobres, en su mayoría de familias analfabetas) lo que garantizó a la obra de Montessori un éxito inaudito.

Los abrumadores resultados iniciales de su trabajo con niños fueron tan extraordinarios que atrajeron a maestros y curiosos de todos los rincones del mundo. Ni siquiera la Primera Guerra Mundial detuvo la ola Montessori. En 1915, en la Exposición Internacional de San Francisco, el mundo pudo presenciar el espectáculo inédito de veintiún niños de entre tres y seis años, elegidos entre más de dos mil candidatos, que durante unos meses fueron observados a través de las paredes de cristal de su clase, mientras trabajaban serenamente, aprendiendo por sí mismos sin la ayuda de premios, castigos y sin ser presionados por el maestro.

Durante el resto de su vida, Montessori, acompañada de su hijo, seguiría viajando, formando a maestros y tratando de difundir las bases de su pensamiento. España, Holanda, la India acogieron a Montessori, poco apreciada en casa, salvo en un breve período en el que el régimen fascista pensó que este

método educativo podía prestigiar al país. Pero pronto quedó claro que el método Montessori, fundado en el valor de la libertad y el espíritu crítico, no podía reconciliarse con la ideología fascista. En sus viajes por el mundo, Montessori también extendió su mirada a los niños de 6 a 12 años, a los recién nacidos, a los adolescentes, esbozando una idea de educación que podría ayudar a que las potencialidades del ser humano se desarrollen de la forma más armoniosa y completa posible; una educación «como ayuda a la vida», que no se quede encerrada en las aulas, sino que pueda impregnar a toda la comunidad, actuando en el mundo como fuerza de paz.

Particularmente fascinante para nosotros (y fructífero para la humanidad) es el largo período que la doctora pasó en el subcontinente indio. Invitada por la Sociedad Teosófica, con la que había estado en contacto desde 1899, Montessori fue a la India con su hijo para realizar una gira de conferencias que se suponía que duraría unos tres meses. Los Montessori se marcharon en 1938, y el estallido de la Segunda Guerra Mundial les impidió volver a Europa; de hecho, siendo los italianos enemigos del Imperio británico, del cual la India todavía formaba parte, fueron recluidos durante un tiempo. Sin embargo, la India les dio nuevas energías. Los cursos de formación de profesores fueron extraordinariamente exitosos, y el hecho de estar confinada en un solo lugar permitió a Maria Montessori reanudar sus observaciones sistemáticas de los niños. De ello surgió el primer curso dedicado al período desde el nacimiento hasta los 3 años (¡y qué mirada tan increíble seguía revelando una Montessori septuagenaria, capaz de expresarse a favor de llevar a los recién nacidos en portabebés a cursos, con al menos medio siglo de anticipación, por delante del resto del mundo occidental!), pero sobre todo la idea de «educación cósmica», un replanteamiento general de su propuesta educativa para niños en edad escolar.

Los Montessori regresaron a la India incluso después del final de la guerra, y en 1949 se publicó un texto fundamental de la doctora, traducido al italiano como *La mente del bambino*.[2]

Siempre aparentemente incansable, en 1951 Maria Montessori realizó, entre otros, un curso breve, de una semana de duración, para seis profesores que debían aplicar sus sistemas a los campesinos analfabetos del sur de Italia.

Maria Montessori murió el 6 de mayo de 1952, mientras planeaba su primer viaje a África. Rodeada del cariño de sus nietos, dejó la tarea de continuar la obra de su vida a su hijo Mario y a la Associazione Montessori Internazionale (AMI), que habían fundado juntos en 1929. Hoy, las escuelas que llevan adelante la inolvidable lección de la doctora son decenas de miles, distribuidas en 145 países diferentes.

El método Montessori como ayuda a los planes de vida y desarrollo

Algunos de los pilares del pensamiento Montessori no sólo se adaptan a todas las edades de la vida del ser humano, sino que hacen de este enfoque una verdadera herramienta para el desarrollo de personas serenas, centradas y completas. Partiendo de una comprensión profunda de las necesidades más íntimas de la naturaleza humana, las comunes a cada latitud y etapa de la vida, los principios Montessori pueden ser, y de hecho son, aplicados con utilidad desde el nacimiento hasta toda la vida de las personas. De hecho, la educación no puede ni debe limitarse a transmitir cultura (en el

---

2. La mente del niño. *(N. del T.)*

mejor de los casos) o información (que se olvida inmediatamente, como por desgracia sucede con demasiada frecuencia). La educación, para Maria Montessori, es un proceso profundamente creativo, tan largo como la vida misma, que debe permitir a cada ser humano dejar florecer sus talentos y potencialidades, para brotar en la mejor versión posible de sí mismo. Esto requiere una formación amplia, que se ocupe del corazón, de las manos, de todo el cuerpo. En esta necesidad podemos identificar un primer principio Montessori fundamental: la necesidad de mirar al individuo como un todo. Nacemos con un inmenso potencial de crecimiento que con demasiada frecuencia no se reconoce, sino que se marchita y se olvida.

Como indicó Renilde Montessori, sobrina de Maria, en una importante conferencia en 1988, un niño que nunca ha desarrollado su potencial siente una sensación de pérdida muy profunda, casi de luto. Como un planeta sin vida, vive acompañado de un dolor sordo, de una incapacidad para encontrar plena satisfacción en su existencia, independientemente de las condiciones en que se encuentre. Me parece que estas palabras recuerdan la condición de nuestra sociedad, nuestra dificultad colectiva para hacernos cargo de nuestro bienestar y del planeta que habitamos. Esta reflexión devuelve plenamente las instancias profundas que mueven la reflexión Montessori, una reflexión que no se traduce en un método educativo, más o menos válido o adecuado a los diferentes contextos, sino que debe animar el trabajo y el pensamiento de todos, comprometidos a cambiar el rumbo de la historia humana antes de que sea demasiado tarde: no podemos ignorar que los niños son la clave de todo, la esperanza más auténtica de la humanidad.

Combatir el «desperdicio de la infancia», permitir que cada recién nacido crezca en pleno desarrollo de sus potencialidades, de cada uno de sus talentos, equivale no sólo a mejorar la vida de los niños, o a perfeccionar nuestros sistemas educativos, sino también a encontrar una manera concreta de construir un mundo mejor.

Maria Montessori nunca retrocedió ante los desafíos más exigentes, y la invitación a seguirla para soñar –y crear– grandes cosas es uno de los aspectos más estimulantes de su pensamiento. La reflexión Montessori no parte de preconceptos o ideologías, sino de una observación cuidadosa y puntual de las necesidades de las diferentes etapas de la vida. No da lugar a un método didáctico y educativo que sea el mismo para todas las edades, sino que requiere enfoques, actividades y entornos muy diferentes y estructurados para responder a las necesidades vitales en evolución de las personas en crecimiento. Además, nos parece natural que una escuela infantil sea diferente de una escuela secundaria, aunque debemos señalar que, en muchos sistemas escolares, es difícil distinguir un aula dedicada a niños de seis o siete años de una destinada a adolescentes, si no fuera por el tamaño de los pupitres. Si es cierto que cada etapa de crecimiento debe ser acogida por ambientes especialmente planificados, y que cada edad tiene unas necesidades diferentes, también lo es que algunos pilares del pensamiento Montessori se mantienen vigentes a lo largo de la vida. Tratando de resumirlos brevemente, podríamos decir que:

El crecimiento y el aprendizaje son procesos naturales, que pueden desarrollarse armónicamente a través de experiencias libres en ambientes cuidadosamente diseñados.

El aprendizaje significativo no se produce separando el cuerpo de la mente, sino gracias a la implicación de toda la persona y a la posibilidad de realizar actividades significativas.

El impulso más profundo e importante para cualquier adquisición parte desde dentro, desde la motivación y el interés. Estimular la dependencia de motivadores extrínsecos (como recompensas y castigos, regaños o elogios, o calificaciones) es contraproducente a largo plazo.

La educación es un ámbito de fundamental importancia no sólo para los niños y los adultos que los acompañan, sino para la sociedad en su conjunto: la educación es la clave de la paz.

El método no es un método; el niño es el maestro. Para acompañarlo, se necesita un mundo adulto consciente y atento, que sea capaz de cuidar de sus propias necesidades y crecimiento, incluido el crecimiento espiritual, y de modular su propio enfoque a partir de la observación atenta del grupo de niños o jóvenes que está siguiendo.

Estos principios, aunque declinados de diferentes maneras, son la base del enfoque Montessori en todas las áreas posibles de aplicación. Sin embargo, como ya se ha subrayado, Maria Montessori observó profundas dife-

El bulbo

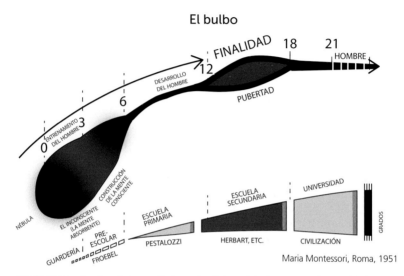

Maria Montessori, Roma, 1951

Los diagramas de estas páginas están tomados de los originales presentados por Maria Montessori en 1951 en Roma y en 1950 en Perugia, con motivo de los últimos cursos internacionales de formación de profesores que realizó en Italia tras su regreso de Asia. Representan el desarrollo unificado y armónico de la «larga infancia humana», incluso desde antes del nacimiento, y la necesidad de una educación que respete las exigencias inmutables y las necesidades específicas de cada etapa.

El esquema del bulbo, que remite más a la biología, destaca cómo se inicia el proceso antes del nacimiento y también las similitudes entre el primer y tercer nivel de desarrollo. A continuación, se muestra un esquema del sistema educativo existente, en el que las diferentes fases están claramente separadas, y el enfoque del aprendizaje, siempre guiado desde el exterior, prevé el mismo tipo de intervención, intensificada progresivamente.

rencias en las distintas edades de niños y adolescentes, que describió con dos imágenes (el ritmo constructivo de la vida y el bulbo, *véanse* págs. 24-25) que representan las etapas de desarrollo del ser humano en ciclos sexenales: la primera infancia, desde el nacimiento hasta los 6 años; la infancia, de 6 a 12 años; la adolescencia, de 12 a 18 años; y finalmente el inicio de la edad adulta. La indicación de edades no debe entenderse de manera rígida: en las escuelas Montessori, el paso de una clase a otra lo determina únicamente el niño o joven, no su edad cronológica. Además, el paso de una fase a otra no debe entenderse como un desarrollo lineal, sino como una maduración orgánica en la que tarde o temprano pueden manifestarse las características de los diferentes niveles, en lo que Maria Montessori define como «el ritmo constructivo de vida».

Sin embargo, cada plano tiene características y necesidades diferentes, tanto que Montessori a veces habla de «renacimientos». Cada plano tiene dos fases, que lo dividen más o menos por la mitad: una primera fase de desarrollo y una segunda de cristalización. Esto es especialmente cierto para el primer y tercer planos. En estas dos etapas de la vida en particular, es importante que se respeten las necesidades de los niños y jóvenes, para poder iniciar procesos de maduración y crecimiento que puedan completarse en la segunda parte del plan. Si no se han puesto estos cimientos, será más difícil recuperar las competencias correspondientes.

Cabe destacar que los desarrollos que ofrece la neurociencia ofrecen una confirmación continua de las intuiciones de Montessori, también con respecto a las necesidades y características en las distintas etapas de crecimiento.

Una breve mirada a las diferentes edades de la vida: Períodos sensibles

Montessori observó cómo estas etapas de desarrollo permitían la adquisición de ciertas habilidades y requerían una atención especial para que éstas pudieran expresarse mejor.

Las etapas del desarrollo

El ritmo constructivo de la vida

Maria Montessori, Perugia, 1950

La doctora llama «períodos sensibles» a las ventanas de tiempo en las que los niños están dotados de una sensibilidad especial: en esa ventana, la adquisición de la competencia habría sido fácil y plena; pasado el momento, incluso cuando el potencial de aprendizaje no se ha perdido para siempre, este proceso se vuelve mecánico y agotador, y rara vez permite alcanzar el mismo nivel de experiencia. Una vez más, esta intuición Montessori está plenamente confirmada por la investigación científica actual y también por la experiencia común.

Basta pensar en aprender idiomas extranjeros: perfectamente natural hasta cierta edad, como lo demuestra la extrema facilidad con la que uno puede crecer bilingüe, o incluso ser capaz de expresarse como hablante nativo en varios idiomas (algo que ocurre naturalmente en muchos países donde un idioma oficial va acompañado de idiomas locales), después de cierto momento, el aprendizaje del idioma se vuelve muy difícil, y es imposible dominar un segundo idioma como los nativos. El mismo mecanismo también opera en otros tipos de aprendizaje, como la lectoescritura, las matemáticas, el orden.

A menudo, Montessori detecta la presencia de estas «ventanas» antes que el sentido común. Recordemos, por ejemplo, la naturalidad espontánea con la que los niños de las Casas de los Niños pueden aprender a leer y escribir mucho antes de los seis años, o incluso la gran facilidad con la que consiguen ser autónomos en el uso del baño, incluso antes de los 18 meses. Esto no implica precocidad, un forzamiento de los tiempos naturales del niño: por el contrario, esto sólo funciona en un contexto de gran respeto y libertad propio de la fase de desarrollo, en la que el niño no tiene que seguir un horario impuesto, sino más bien puede concentrarse en escuchar a su «maestro interior». Sólo así el aprendizaje puede ser espontáneo, alegre y duradero.

Por el contrario, una vez que se cierran esas ventanas, o si se lo fuerza a condiciones menos que ideales, el niño sin duda aún podrá aprender, pero con dificultad, como los adultos que intentan aprender otro idioma. ¿Y no es eso lo que sucede en muchas escuelas, donde los estudiantes son impulsados no a seguir sus necesidades más profundas e íntimas, sino programas, controles, solicitudes de desempeño? Aprender es lo más «humano» que existe, según Maria Montessori. Nacimos para crecer y aprender tanto como sea posible. Pero necesitamos que el aprendizaje pueda seguir siendo un proceso natural, libre para florecer en las condiciones adecuadas, con alegría en lugar de constricción o sufrimiento. Brevemente, por lo tanto, ¿cuáles son las exigencias, las necesidades, el potencial para las diferentes edades?

★ El primer plano del desarrollo

Es quizá el más crucial en el crecimiento de todo ser humano. En este período, el niño sienta las bases para todo crecimiento posterior, y sobre todo necesita amor, para poder concentrarse en el increíble proceso de maduración al que se está enfrentando. En esta fase, tan delicada, hay una profunda diferencia en los dos momentos de crecimiento, separados aproximadamente por los tres años de edad.

En sus primeros tres años de vida, el niño, que vino al mundo completamente indefenso y dependiente de los adultos para su supervivencia, aprendió a moverse, agarrar objetos, caminar y luego correr, deletrear y expresarse en palabras y frases, incluso en múltiples idiomas. Todo esto gracias al increíble poder de su «mente absorbente», un superpoder que la naturaleza ha proporcionado a los cachorros humanos, para permitirles aprender habilidades y competencias extraordinariamente complejas. Este superpoder, por desgracia, se desvanece alrededor de los seis años de edad, pero la buena noticia es que el aprendizaje puede continuar siendo estimulante, y sólo agotador de una manera que sea completamente apropiada para nuestras fortalezas.

El primer plan de desarrollo requiere cierta estabilidad en la rutina, libertad de movimiento y oferta de opciones apropiadas para la edad, la capacidad de explorar con seguridad un entorno inmediato apropiado.

Alrededor de los tres años, se realizan todas las adquisiciones extraordinarias mencionadas anteriormente, y los niños tienen la creciente necesidad de interactuar con sus iguales, continuando ejerciendo su autonomía en las formas y los tiempos correctos. Este paso se explorará en otras partes de este libro; sólo recordamos aquí el «eslogan» de esta fase de crecimiento, que se puede resumir en «¡ayúdame a hacerlo yo mismo!». El niño necesita ser tratado con gran respeto, fomentando la independencia y la autonomía, pero también hay que observarlo con cariño y simpatía, sin ocupar nunca el lugar de su hacer, sino acompañando con confianza y amor los descubrimientos e intereses que poco a poco irá expresando.

★ El segundo plano del desarrollo

Está dominado por la aparición de nuevas habilidades, especialmente la abstracción, la imaginación y el sentido moral.[3] En pocas palabras, para Maria Montessori ésta es la edad que permite quizá las adquisiciones más importantes desde el punto de vista del conocimiento y la cultura. La indicación crucial para esta etapa de la vida es sembrar lo más posible, para permitir y ayudar a un trabajo de investigación que profundice y conecte todas las diferentes ramas del conocimiento humano.

«Démosle el mundo» es la invitación que nos hace Maria Montessori. El niño en edad escolar tiene sed de conocimiento; es fuerte en las habilidades sólidamente adquiridas en el plan anterior (si era posible), está dispuesto a «pensar por sí mismo», a afinar sus habilidades críticas, a investigar su propio interés en el campo moral (ahora muy agudo) para desarrollar un profundo sentido ético. ¡Qué importante sería que se respetara este requisito!

Para acoger a los niños de esta edad deben existir escuelas abiertas, donde el aprendizaje sea natural e interesante, guiado por los propios niños, acompañados de guías amorosos, apasionados, cultos. Sin tareas, ni mochilas pesadas, ni libros de texto, ni exámenes, ni calificaciones, ni castigos: en las escuelas Montessori la ausencia de estos elementos no impide que los niños se desarrollen igualmente preparados en comparación con sus compañeros de otras escuelas. Mucha investigación también sugiere que estos niños suelen ser particularmente creativos y empáticos y serenos, así como estar muy felices de ir a la escuela.[4] La presencia de una comunidad cohesionada y acogedora es otro ingrediente esencial para los niños de esta edad. Al final del segundo plano, si sus necesidades han sido satisfechas, el niño es fuerte, confía en sus habilidades y muestra una gran curiosidad y respeto por el mundo.

---

3. Para más información sobre esta edad, consulta el libro *El método Montessori de 6 a 12 años para criar a tu hijo y ayudarlo a desarrollar su independencia.*

4. Como lo demuestran las investigaciones disponibles, en particular la de Stoll Lillard (véase «Bibliografía»).

⋆ El tercer plano del desarrollo

Sobre estos sólidos cimientos, también la adolescencia podría ser profundamente diferente. El tercer plano del desarrollo conduce a un cambio radical, una especie de renacimiento. El adolescente es, para Montessori, un «recién nacido social»; sus capacidades intelectuales pueden incluso disminuir, es más frágil, necesitado de experimentar en contextos de trabajo y de relación que le permitan encontrar sentido a su vida, la posibilidad de ser útil.

La escuela, crucial para el contexto social, no debe en absoluto seguir replicando el mismo modelo, intensificando las demandas de rendimiento intelectual, sino más bien reconsiderar la necesidad de educar a todas las personas, sus manos, sus corazones, ofreciendo una respuesta significativa a las necesidades que agitar esta edad delicada. Maria Montessori subraya el fuerte paralelismo entre el primer y el tercer plano de desarrollo, invitándonos a considerar la gran fragilidad física y emocional que acompaña a los cambios típicos de esta época.

Los adolescentes necesitan movimiento, contacto con la naturaleza, para poder explorar la autoexpresión a través de actividades creativas y artísticas, para contribuir significativamente a la comunidad que los rodea. Rumbos lamentablemente muy diferentes a los que parecen conducir nuestras sociedades contemporáneas, pero que de nuevo tienen un enorme potencial para el desarrollo de adultos equilibrados y, tal vez, felices. La propuesta Montessori para adolescentes está mucho menos desarrollada, a nivel escolar, que la de edades anteriores. Sin embargo, las realidades que permiten a los niños experimentar la libertad, la responsabilidad, la belleza, el trabajo con sentido, observan un aumento significativo en el bienestar y la serenidad de los niños involucrados.

Para los adolescentes, Maria Montessori había pensado en un colegio residencial, una finca que les ofreciera un contacto profundo con la naturaleza, la posibilidad de vivir en comunidad y la necesidad de probar suerte en un trabajo real y necesario. Hoy, las escuelas secundarias para adolescentes que continúan la labor de la doctora a veces intentan aplicar este modelo, mientras que en otros casos abandonan la finca para operar en contextos urbanos.

Grupos heterogéneos por edad

Un principio que une el enfoque Montessori para todas las edades es la valorización de la individualidad y las diferencias, fomentando grupos lo más variados posible. Uno de los aspectos más importantes y visibles del enfoque Montessori en este sentido es la presencia, en cada grupo, de al menos tres edades diferentes. En las escuelas Montessori, los niños se dividen en clases de niños de 3 a 6 años, de 6 a 12 (o aproximadamente de 6 a 9 y de 9 a 12), de 12 a 15, y así sucesivamente. De esta manera, los niños interactúan no sólo con sus compañeros, sino también con alumnos mayores o menores. Y si los pequeños se ven estimulados por las actividades que los adultos realizan ante sus ojos, los adultos pueden hacerse útiles ayudando a sus compañeros más pequeños, desarrollando habilidades de liderazgo, afinando la empatía, dejando sedimentar y profundizando sus habilidades. Y eso no es todo. Al tener siempre disponible el material destinado a los más pequeños, los niños pueden volver a practicar aquellas habilidades que no adquirieron correctamente, sin necesidad de pruebas formales, calificaciones, suspensos o exámenes en septiembre.

El cuarto plano del desarrollo

Montessori no tuvo tiempo de escribir mucho sobre el cuarto plano del desarrollo, que corresponde a la madurez y la edad adulta. En este momento de la vida, la mente se convierte en una «especialista», y el joven debe poder ser económicamente independiente. En *Dall'infanzia all'adolescenza* la doctora escribió con mucha claridad lo poco adecuadas que eran las universidades para dar respuesta a las necesidades de los adultos. Obligados durante largos años a un modelo de aprendizaje pasivo, incapaces de obtener autonomía, pero aún dependientes de sus familias de origen, estos jóvenes adultos se ven «obligados a vivir como niños»; en lugar de ocupar su lugar en una sociedad dispuesta a acogerlos, se ven impulsados a obtener un título que poco o nada solicita a sus potencialidades culturales, espirituales y humanas.[5]

---

5. M. Montessori, De la niñez a la adolescencia, Franco Angeli, Roma, 2019, p. 133.

Superar exámenes y aprender una profesión no deberían ser los únicos objetivos de los jóvenes en su mejor momento. La reforma educativa preconizada por Montessori debía invertir en todas las edades de la vida, poniendo el crecimiento moral del individuo en el centro de un trabajo que comienza desde el nacimiento (o antes), para acompañar a todos, con respeto y sensibilidad, al desarrollo más pleno y armonioso de todo su potencial: «Un niño inerte, que nunca ha trabajado con sus manos, y que nunca se ha dado cuenta de que "vivir" significa vivir socialmente y que, para pensar y crear, necesitaba ante todo darse cuenta de la armonía de su alma… Este niño será un adolescente egoísta, pesimista y melancólico que buscará en los valores superficiales de la vanidad el resarcimiento de un paraíso perdido. Y así, hecho hombre, se presentará a las puertas de la universidad. ¿Para preguntar qué? Solicitar una profesión que le permita garantizar su vida material en una sociedad que le es ajena e indiferente, participar en una civilización que ignora. El hombre no puede ser considerado sólo cuando ya es hombre. Tenemos que lidiar con eso primero».[6]

El método entre el éxito y la crítica

Cabe destacar que Maria Montessori ha recibido a menudo feroces críticas, dirigidas en particular a menoscabar el carácter científico de su pedagogía y subrayar cómo no proporcionó suficientes detalles de sus descubrimientos para permitir su replicación, o que en general no utilizaba terminologías y técnicas convincentes en el campo académico. Su elección de dejar la universidad y trabajar sola, con un grupo de fieles colaboradores, y querer formar personalmente profesores para las escuelas que llevaban su nombre ciertamente contribuyó a la dificultad de hacer circular sus descubrimientos fuera del círculo de sus seguidores, ofreciendo el flanco a

---

6. M. Montessori, De la niñez a la adolescencia, *op. cit.*, p. 139.

las acusaciones de querer fundar un culto, en lugar de contribuir a una re-flexión ampliada sobre los principios educativos.

Si es cierto, en efecto, que Montessori siguió insistiendo a lo largo de su vida en que el suyo no era un método educativo, y que en todo caso los verdaderos autores de los contenidos de su pensamiento eran los propios niños, es igualmente cierto que al observar los mismos fenómenos la doctora consideró necesario que se repitieran las mismas condiciones, desde el ambiente hasta los materiales, y que siempre tuvo mucho cuidado de que sus ideas no se contaminaran indebidamente con otras. De hecho, optó por abandonar por completo el ejercicio de la profesión médica y su carrera académica, para dedicarse personalmente a difundir su pensamiento, viajando de manera incansable a lo largo de su vida y formando personalmente a los maestros a los que pudiera permitir usar su nombre, sin delegar nunca esta delicada tarea a otros.

Esto ralentizó significativamente la difusión de las escuelas Montessori durante su vida y, al reducir en gran medida el intercambio con otras visiones educativas, dificultó reconocer adecuadamente las extraordinarias intuiciones de Montessori en el mundo de la educación en general.

Muchas de las ideas que han entrado en la corriente principal de la educación fueron concebidas por primera vez por Montessori, pero a menudo esta deuda se ignora en lugar de reconocerse. Pensemos, por ejemplo, en la importancia de las experiencias infantiles en el desarrollo posterior, en la posibilidad de corregir una situación de carencia cultural mediante el enriquecimiento de experiencias sensoriales en la primera infancia; en el reconocimiento del interés espontáneo de los niños por aprender; en la posibilidad de estimular el desarrollo de la inteligencia a través de las interacciones con el entorno. Una vez más, la idea de que el aprendizaje depende del estilo personal del alumno, de que el aprendizaje efectivo es una empresa activa y creativa, de que la motivación interna es el motor principal para el aprendizaje están presentes. Todas ellas se han convertido en principios reconocidos de las teorías educativas. Quizá el hecho de que fueran formulados por una mujer inconformista ajena a la academia, convencida de la necesidad de utilizar un lenguaje incluso místico, contribuyó a la falta de reconocimiento de esta maternidad. Lo que sorprende del pensamiento Montessori es su increíble actualidad, confirmada no sólo por el trabajo, por la serenidad y por los resultados obtenidos por los niños educados hasta ahora según su sistema, sino también por las validaciones que sus hipótesis siguen recibiendo por parte de la ciencia.

2 El niño de 3 a 6 años

Silvia Pietrantonio

¿Qué es un niño? La pregunta puede parecer ociosa, pero es más profunda y compleja de lo que parece a primera vista. Es más, tu respuesta depende de cómo nos acerquemos a los niños, cómo se posa nuestra mirada sobre ellos, qué actividades creemos que son adecuadas o no para sus necesidades.

Sin embargo, nuestro mundo parece ignorar totalmente esta pregunta. Lo ignoras cuando miras a los niños como si fueran princesas y principitos a los que nunca se les niega ningún deseo material, cuyos deseos transitorios se anteponen a las necesidades de cualquier otra persona, sean miembros de la familiares o personas de paso. Aquellos niños cuyos caprichos se interpretan como órdenes ante las que inclinarse inmediatamente; esos niños privados de la indispensable experiencia de la espera, del deseo.

El malentendido, en este caso, surge por no haberse hecho la pregunta inicial, confundiendo deseos y necesidades. Lo mismo sucede moviéndose hacia el extremo opuesto del espectro: lo importante entonces es que los niños se oigan y se vean lo menos posible, que se garanticen espacios donde realmente no los hay, que permanezcan confinados tantas horas como sea posible, cada vez más, en lugares dedicados a ellos y en otros lugares y, si es realmente necesario visitarlos, que sean «tranquilos y buenos», independientemente de sus necesidades reales. Hoy en día, la mayoría de las veces, para garantizar este resultado, se enfrentan a dispositivos electrónicos a partir de una edad cada vez más precoz. Los medios son otros, pero el fin es el mismo que cuando se los obligaba a llevar ropa incómoda y a quedarse quietos y sonreír mediante amenazas, castigos corporales o halagos.

Sin embargo, al menos en el pasado reciente, a los niños se les otorgaron espacios de libertad y exploración más allá del control de los adultos, espacios que son cada vez más escasos en el presente occidental. Hoy el autoritarismo más extremo ha cambiado de ropaje, por fortuna ya nadie apoya el castigo corporal, pero continuamente se insinúa en ciertos hábitos familiares y escolares, por no hablar de los más o menos autodenominados «expertos» que avalan su vigencia. De hecho, algunas prácticas

surgen no de la observación de los niños y del deseo de estimular su crecimiento, sino del abuso del desequilibrio de poder inherente a la relación educativa, para inducir a los niños, a través de la violencia física o verbal, al maltrato, las amenazas a la obediencia temprana: piensa en las técnicas de extinción del llanto, el uso de castigos, todas las formas de hipocresía educativa. Al final, adoptar estos métodos es tan fácil precisamente porque no sabemos lo que es un niño.

Todo esto lo vio muy claro Maria Montessori, quien hace ya un siglo señaló que los niños se veían constantemente obligados a adoptar comportamientos involutivos, no acordes con su verdadero ser, para sobrevivir y ser amados en un mundo que, al menos emocionalmente, es hostil. No sólo los obstinados rebeldes, que al menos demostraban una vitalidad todavía bastante presente, sino los niños resignados, sumisos y excesivamente tranquilos revelaban a Montessori lo mucho que los pequeños se veían obligados a desviarse del curso natural de su propio desarrollo: «Donde, en cambio, o en la familia o en la escuela o en la sociedad, el niño es puesto en una condición de conflicto, de competencia o sometido a la voluntad de un adulto dominante, o empobrecido en sus inmensas facultades, o, finalmente, impedido para expresar su naturaleza y deseos, se verá obligado a la cruel necesidad de esconderse, de deformar su propia sensibilidad, de defenderse en una adaptación impersonal. Esta condición es para el niño un estado de guerra, de sacrificio y de derrota, porque su instinto no es de lucha y oposición, sino de paz y de una obediencia libre y consciente».[1]

¿Qué es, entonces, un niño? De la respuesta a esta pregunta se derivarán todas las indicaciones necesarias para permitirle crecer de la mejor manera posible. La respuesta varía significativamente según la edad que consideremos. Sin embargo, es evidente que un hito importante, reconocido por la mayoría de las culturas y sistemas escolares, lo constituye la edad alrededor de los 6 años, cuando crecen los primeros dientes permanentes, aumenta significativamente la fuerza y la agilidad, así como el interés por cuestiones más abstractas.

Ya hemos dado un cuadro general de las diferencias entre los distintos planes de desarrollo; ahora nos centraremos en los cambios que se producen alrededor de los 3 años y lo que es un niño entre 3 y 6 años.

Niños de 3 a 6 años: El corazón del sistema Montessori

Aunque el «método» Montessori encuentra aplicaciones en todas las edades de la vida (recientemente también se ha utilizado con resultados sorprendentes con personas mayores), fueron precisamente los niños de 3 a 6 años de edad quienes permitieron a la doctora darse cuenta de cuántos prejuicios e ideas engañosas acompañan nuestra acción con y para los niños, y la necesidad de un cambio de paradigma.

Los niños de esta franja de edad son quizá los menos comprendidos, suspendidos entre la imposibilidad de defenderse de un ambiente hostil que

---

1. Del manifiesto del premio «Educación y Paz», edición del 2000 (www.operana zionale montessori. it/iniziative-ed-eventi/premio-educazione-e-pace/779-edizione-2000).

caracterizó sus primeros días en la tierra y la mayor independencia del período siguiente. Todavía nos necesitan mucho a los adultos, pero empiezan a
ser capaces de comunicar con mucha claridad cuando algo anda mal en su
entorno, sin por ello tener la capacidad abstractiva que les permita expresar-
lo en términos objetivos que a los adultos no les resulte irritante. Esta combinación de factores determina con frecuencia esos terribles estallidos de
insatisfacción a menudo etiquetados como «rabietas».Un aspecto interesante del «descubrimiento del niño» montessoriano es que estas crisis no
son un aspecto necesario del proceso de desarrollo del niño, sino una señal
de que algo no está funcionando en el entorno de vida del niño. Cuando se
quitan los obstáculos que el mundo adulto sigue poniendo en su camino,
cuando se le da al niño la oportunidad de expresarse sin tener que defenderse de un entorno hostil, entonces es posible conocer su verdadera naturaleza. Cuando el niño está acompañado por una mirada amorosa y confiada,
cuando es libre para explorar un ambiente estimulante adecuado a su nivel

de desarrollo, se revela en él la voz de un «maestro interior» que lo guía con seguridad a través de las experiencias necesarias para su crecimiento.

Todo el primer plano del desarrollo se caracteriza por una increíble explosión de habilidades y destrezas. Al llegar al mundo indefensos, completamente dependientes de sus madres, los cachorros humanos realizan un enorme trabajo subterráneo, aprendiendo en los primeros años de vida a caminar, hablar, hacer preguntas sobre el mundo. A los tres años todos estos logros alcanzan un punto culminante y de síntesis. Según Maria Montessori, «es como si la vida volviera a empezar porque entonces la conciencia se revela plena y clara».[2]

En este momento el niño se convierte, si las circunstancias lo permiten, en lo que Montessori llama «el trabajador consciente». El niño llega a ser capaz de interactuar con su entorno de manera consciente y deliberada, desarrollando habilidades de autocontrol y haciendo uso de las capacidades desarrolladas hasta entonces de forma inconsciente.

Montessori define el trabajo, y no el juego, como la actividad incansable que ocupa al niño de esta edad: un trabajo alegre, cuidadoso, continuo. El niño de 3 a 6 años está (o debería estar) siempre ocupado, siempre en movimiento. Gracias al trabajo de sus manos, instrumentos de la mente, perfecciona y enriquece to-

Las «rabietas» no son un aspecto necesario en el proceso de desarrollo infantil, sino una señal de que algo no funciona en el entorno de vida del niño.

dos los logros de sus primeros 3 años de edad. Para poder realizar esta admirable obra de construirse a sí mismo, el niño tiene una mente diferente a la de los adultos, lo que Montessori llama «mente absorbente». El niño absorbe sin esfuerzo las impresiones sensoriales y las experiencias de su entorno (recordemos una vez más el aprendizaje natural del lenguaje, ¡in-

---

2. M. Montessori, *La mente del bambino*, Garzanti, Milán, 1992, p. 165.

cluso cuando hay más de un idioma!). La observación de estas habilidades infantiles, que parecen milagrosas, la actitud serena y alegre de aprender sistemas complejos sin ninguna enseñanza, despertó en Maria Montessori su gran admiración por las habilidades infantiles. Incluso la neurociencia hoy en día confirma la forma físicamente diferente en la que funciona el cerebro de los niños, sus increíbles habilidades que se pierden por completo en edades posteriores, aunque reemplazadas por otras habilidades, por supuesto. Sin embargo, la ciencia contemporánea confirma la importancia de estos años cruciales para el crecimiento del adulto por venir.

Y entonces, ¿qué es un niño? En primer lugar, un niño es una criatura de gran dignidad, capaz de autodeterminación, dispuesto a dar todo de sí mismo y capaz de lograr grandes resultados. Un niño es un ser que nace para aprender, para crecer, para absorber todo lo que le ofrece el entorno que lo rodea. Un niño es portador de necesidades precisas, que deben ser conocidas y satisfechas para permitir un desarrollo óptimo. Un niño es un «maestro del amor», un ser capaz de entregarse a sí mismo para colaborar con los adultos que lo rodean y a quienes ama.

Ahora veamos más de cerca cada uno de estos aspectos.

La mente absorbente

¿Cómo aprende un recién nacido? No aprende nada que no se le muestre, se podría decir. Simplemente está, se deja manejar y mimar, es alimentado por quienes poco a poco le hacen aprender cuanto necesita. Sin embargo, no es del todo así. En los primeros dos años de vida, esa pequeña y frágil criaturita adquiere, sin esfuerzo aparente, sin necesidad de que nadie le enseñe, extraordinarias habilidades: aprende a caminar, a correr, a subir y bajar escaleras; adquiere habilidades lingüísticas sofisticadas, absorbiendo las estructuras gramaticales de los idiomas a los que está expuesto con una perfección que ningún período posterior de estudio, por «loco y desesperado» que sea, podrá igualar. El milagro del aprendizaje infantil ha sido descrito por Maria Montessori como el de la «mente absorbente».

Montessori, al observar a los niños libres en un entorno cuidadosamente preparado, los había descubierto completamente diferentes de como se los imaginaba (y aún se los describe hoy en día): ordenados, colaborativos, amantes del trabajo y dispuestos a aprender todo lo posible sobre el mundo que los rodea.

Durante los últimos años de su vida, y sobre todo durante su larga estancia en la India, Montessori también se centró en los niños más pequeños y los recién nacidos, para comprender la diferencia entre sus extraordinarias capacidades de aprendizaje y la mente adulta. A partir de los 3 años, el niño cambia a medida que desarrolla la mente consciente y comienzan los recuerdos. Los niños a partir de este período, mientras continúan «absorbiendo», también emprenden un trabajo de construcción y mejora consciente, y cuanto más sereno, más adecuado será el entorno que los rodea, y menos adultos pondrán obstáculos inútiles en su desarrollo.

Según Maria Montessori, el niño de 0 a 6 años tiene una inteligencia muy aguda y en gran medida incomprendida. Sus sentidos son como vías principales para la absorción del entorno que lo rodea, y a través de experiencias sensoriales es posible que un niño llegue en pocos años a formar incluso conceptos abstractos e increíblemente sofisticados. El entorno en el que se mueve debe ser «amigable con los niños», no en el sentido clásico de limitación del riesgo, sino en la oferta de posibilidades bien estudiadas para la exploración libre, para experiencias significativas. Los objetos del tamaño adecuado permiten al niño aprender habilidades y competencias complejas. La libertad de elección y movimiento permite que cada niño siga un camino de crecimiento único e individual. La mente absor-

bente se refina y permite la adquisición de habilidades que normalmente no se consideran adecuadas a una edad tan tierna. En las escuelas Montessori, los niños manipulan cristalería, jarrones, cuchillos, clavos y martillos. Todo niño es capaz de respetar los objetos presentes en su entorno, siempre que se le enseñe a hacerlo. Si sólo damos a los niños vasos de plástico, por ejemplo, no aprenderán a manipularlos con cuidado para no romperlos.

El entorno es un aspecto fundamental para el niño en crecimiento, porque, como el propio término sugiere, su mente, estructurada de manera diferente a la de los adultos, absorbe sin esfuerzo, pero con indiferencia, todo lo necesario. A diferencia de los adultos, que actúan para cambiar el ambiente (por ejemplo, paso la escoba para limpiar el suelo), los niños actúan para perfeccionarse. Así pues, el niño de 4 años continuará lavando su taza incluso si ya está limpia. Continuará haciéndolo mientras sienta la necesidad, hasta que se haya apropiado de los gestos y habilidades que necesita. La posibilidad de repetir cada movimiento hasta un momento secreto, conocido sólo por la propia interioridad, es crucial.

La mente absorbente es portadora de un enorme potencial creativo y de una increíble capacidad de adaptación. Sus posibilidades de desarrollo están determinadas por la calidad del entorno en el que crece el niño: entorno físico, humano y moral. Precisamente por su flexibilidad, en estos cruciales años formativos se hace imperativo rodear al niño de un ambiente sereno, adecuadamente estimulante, en el que sus necesidades sean fácilmente satisfechas y, aquí, permitirle seguir a su propio maestro interior, eligiendo libremente las actividades que permiten que sus talentos florezcan.

Sólo así la mente absorbente podrá expresar mejor su potencial, pero no es sólo esto lo que agota el imperativo pedagógico con respecto a esta edad. Como lo confirman ampliamente los expertos, son las frustraciones inútiles y los obstáculos sin sentido a los que niño ha tenido que enfrentarse en ese momento de autoconstrucción los que determinan gran parte de los sufrimientos y perturbaciones que pueden aquejar al adulto del mañana: una vez retirados esos obstáculos, encontraremos la clave para un futuro de cooperación y paz.

> **Crear un ambiente para los niños que les permita elegir libremente y realizar actividades apropiadas no sólo es una excelente manera de garantizar su desarrollo cognitivo, social y moral, sino que puede ser el camino adecuado para una educación para la paz.**

Las necesidades de los niños

La mente absorbente, para desplegar mejor su potencial, necesita un ambiente sereno que le asegure una cierta regularidad pero que al mismo tiempo ofrezca motivos suficientes para el interés y la exploración. El niño pequeño está sobre todo interesado en comprender el mundo que le rodea inmediatamente, imitando lo que ve hacer a sus adultos de referencia. Ésta no es la única razón, pero también por esta razón es particularmente importante que estos adultos sean muy conscientes de su papel como modelos para el niño en crecimiento, y en primer lugar se ocupen de su propio bienestar interior con amor y cuidado. Éste es un problema muy agudo en nuestra sociedad, en la que los adultos a menudo están ansiosos, estresados, sufren de una falta crónica de tiempo para responder a sus necesidades más básicas, mientras pasan mucho tiempo ocupados en actividades innecesarias y, en última instancia, poco afines a la felicidad. Si estar frente a un teléfono es nuestra actividad favorita, los niños nos imitarán fácilmente. Pero ése no necesariamente tiene que ser el caso: los niños pequeños se sienten fascinados con cualquier actividad que nos ven realizar, desde limpiar la casa hasta practicar yoga, desde leer hasta cocinar y pintar, y se sienten felices al comprometerse a replicarlas si les brindamos las herramientas adecuadas.

Como es natural, las necesidades esenciales de los niños son las básicas para todo ser vivo: sueño, alimentación adecuada, cobijo y protección, afecto. No podemos pensar en criar niños equilibrados si no se tienen debidamente en cuenta estas necesidades y las especificidades de la edad.

Algunas de las necesidades infantiles, derivadas de imperativos biológicos, son en realidad comunes a los seres humanos en su conjunto, aunque

los niños se ven afectados más rápida y notoriamente si no son satisfechas, y sobre todo si no se satisfacen de manera repetida. Cualquiera que haya presenciado alguna vez las «rabietas» de hambre o de sueño sabrá de lo que hablamos. Sueño regular y sin interrupciones (y en un número de horas apropiado para la edad); comidas nutritivas, regulares y suficientemente saludables; tiempo al aire libre y en la naturaleza; una sólida red de afectos; una oferta de actividades que permitan satisfacción, sentido y crecimiento. Son necesidades que todos experimentamos, aunque de adultos a veces (erróneamente) pensamos que podemos ignorarlas sin demasiadas consecuencias.

Sin embargo, para crecer de la manera más saludable posible, el niño también tiene otras necesidades esenciales. De hecho, está naturalmente inclinado al aprendizaje, pero necesita poder acceder a actividades que sean estimulantes y adecuadas a sus necesidades. Esto es a menudo en gran medida incomprensible para los adultos. Piensa en cuando los niños exploran con entusiasmo una caja de cartón, ignorando el juguete que contiene, o pasan interminables minutos totalmente absortos arrastrando pesos pesados de un lado a otro de la habitación, sólo para detenerse de repente, completamente satisfechos.

Estas necesidades son dictadas precisamente por los períodos sensibles que mencionamos anteriormente, pero ocurren en cada niño de una manera que parece misteriosa e impredecible. La solución más elegante, tan bien entendida por Maria

Montessori, es proporcionar al niño un entorno lleno de actividades estimulantes pero ordenadas, y permitirle moverse con libertad, para desarrollar y potenciar su capacidad natural de concentración. Ésta es la clave para asegurar el pleno crecimiento de todo el potencial de cada niño, respetando plenamente su singularidad.

El entorno de crecimiento del niño es el maestro fundamental, y debe ser pensado con amor, atención e intencionalidad educativa. Esto es cierto para las escuelas, de las que se ocupó principalmente Montessori, pero sigue siendo válido, como veremos en la última parte, incluso en nuestros hogares.

El cuerpo, la mente, las manos

Uno de los principios básicos del pensamiento educativo Montessori, así como uno de los aspectos más sustentados por la investigación neurocientífica contemporánea, es la importancia del movimiento para el crecimiento y aprendizaje de los niños.

Para Maria Montessori, «el desarrollo mental debe estar ligado al movimiento y depende de él»; la felicidad misma del ser humano brota de un sentido de conexión entre cuerpo y mente, mediado por la acción de las manos, como instrumentos de la inteligencia. El niño naturalmente siente un placer muy vivo y una alegría marcada por aprender todo lo que encuentra en su camino de crecimiento. Los niños hasta los 6 años de edad orientan este deseo hacia la exploración del orden relativo al entorno inmediato, que quieren conocer.

El enfoque Montessori permite, a lo largo del tiempo, mantener intacta la unidad natural del ser humano, sin imponer una separación artificial entre intelecto y cuerpo. Cada parte del ser humano necesita expresarse, desarrollarse, explorar. Sin imponer la educación sólo a cabezas fantasmales sin cuerpo, sino permitiendo una conexión profunda entre cuerpo, mente, espíritu, corazón, la educación se convierte en un proceso natural y alegre, en el que cada niño puede hacer florecer su voz, sus talentos y su capacidad de relacionarse con los demás.

Para Maria Montessori, el trabajo es la clave de la paz, la libertad, la posibilidad de criar a seres humanos felices y amorosos. El trabajo, que se declina de diversas maneras según la edad (de hecho, el juego de los niños también debería definirse como trabajo, para respetar su gran dignidad), es el medio para construir al hombre. El trabajo no puede separarse mecánicamente entre el intelecto y las manos, sino que debe permitir el ejercicio del hombre como un todo. Los niños se preguntan desde muy temprano qué contribución pueden hacer al panorama general de la vida, y trabajan mucho, si se lo permitimos, para desarrollar sus talentos. El hábito de considerar la limpieza, la jardinería, la costura como actividades rutinarias, in-

satisfactorias, secundarias, es cultural y disfuncional para el crecimiento de seres humanos completos.

Las actividades con las manos son fuente de gran satisfacción y dignidad, tan importantes para el crecimiento como las matemáticas, las ciencias o las humanidades: la inversión de perspectiva que provoca la educación Montessori, considerando todos los productos del ingenio humano igualmente importantes y relevantes en el desarrollo de la persona, superando el prejuicio que pretende que la mente sea superior al cuerpo, permite un crecimiento más armónico y equilibrado, desarrolla un sano respeto por toda aptitud y talento y alimenta la debida admiración por todas las personas.

La dignidad del trabajo, la importancia del cuerpo y de las manos, la libertad y la disciplina que surgen de elecciones internas, no condicionadas por el exterior, son principios fundamentales del pensamiento Montessori, capaces de revolucionar en profundidad nuestra forma de concebir la educación y la vida.

Normalización y sociabilidad

Maria Montessori nos enseñó que el niño es una criatura extraordinaria, el padre de la humanidad del mañana, una humanidad que, si no se ve mermada por los obstáculos puestos artificialmente en su camino, podrá realizar hazañas extraordinarias y, sobre todo, será verdaderamente capaz de amar.

Para el niño, la confianza de los adultos es fundamental, pero es muy difícil otorgarla, sobre todo cuando el adulto a su vez no ha encontrado en su camino adultos capaces de mirarlo con ese amor y esa confianza, y cuando a menudo ve a su alrededor niños caprichosos y mimados.

Debemos tener fe en un niño que aún no está allí, y que sólo la libertad puede revelarnos. La libertad es la piedra angular del pensamiento Montessori, el valor central de su sistema educativo. Aun así, ser libre es una meta muy difícil, que requiere un camino de aproximación. Para describir este viaje dentro de las Casas de los Niños, Maria Montessori eligió una palabra particular: «normalización». Este término describe un momento clave para el buen desarrollo de los niños. Ahora hablaremos de él centrándonos en el ámbito escolar, que tiene la singular característica de poner al niño en relación con un determinado número de sus compañeros (que para Montessori era imprescindible que tuvieran al menos tres edades diferentes). Nos referimos al capítulo tres de este libro para algunas indicaciones prácticas que también se pueden aplicar dentro de las familias.

Antes de poder disfrutar de su libertad, posible gracias a la cuidadosa preparación del entorno, el papel discreto pero crucial del maestro, la presencia de materiales de autodesarrollo, los niños necesitan un período inicial de adaptación, aprendizaje del espacio y de los nuevos tiempos, de adquirir confianza en sí mismos, en el entorno, de conocimiento del adulto responsable, que a veces es la primera persona después de la madre en cuidarlos fuera de la familia.

En esta primera etapa, el aula y el trabajo que se desarrolla en ella pueden ser muy diferentes de lo que serán más adelante. Incluso los niños llegan a la escuela Montessori diferentes de lo que llegarán a ser, antes de que haya tenido lugar ese proceso crucial que es el único que puede revelar su verdadera naturaleza. Sólo más tarde, nos dice Maria Montessori, «la educación es posible». Al principio, los niños serán desordenados, bulliciosos, incapaces de concentrarse. En esta fase, el maestro actuará de una forma diferente, más activa, intervendrá de manera directa, protegiendo así también la concentración de los niños en su desarrollo.

Si la educación en el hogar estuviera más cerca de las necesidades naturales de los niños, probablemente este momento sería más corto y menos delicado; pero como nuestra sociedad sigue estando alejada de las necesidades infantiles, como los niños al crecer tienen que defenderse de expectativas, formas de vida, ritmos profundamente alejados de lo que ellos necesitarían, entrar en un entorno a su medida puede requerir un tiempo bastante largo de adaptación.

> «La normalización» es un momento clave para el desarrollo, una fase inicial de adaptación, aprendizaje de espacios y tiempos, adquisición de confianza en uno mismo que es la antesala de ser libre.

En este período de adaptación, el que precede a la normalización, es necesario evitar que los niños que han perdido la capacidad de escuchar a su maestro interior perturben el trabajo de los demás, dejando aflorar sus capacidades naturales de autonomía y autocontrol.

El maestro, que en los contextos Montessori generalmente está llamado a desempeñar un papel muy discreto, debe tener la sensibilidad para

discernir cuándo su intervención puede ser perjudicial para el desarrollo de los niños y cuándo es necesaria, a veces incluso de manera decisiva y activa. Sin embargo, el hecho de que el niño sea el protagonista de su propio camino de crecimiento no requiere de un adulto exclusivamente pasivo. El maestro no puede carecer de autoridad, y está llamado a comprender cuándo es necesaria su intervención, y cuándo en cambio es crucial hacerse a un lado para dejar espacio a la potencia creadora del niño.

Montessori atribuye una importancia fundamental a la preparación espiritual del adulto: es absolutamente necesario que quien se acerca a los niños haya cultivado sus propios dones interiores, su propia capacidad de discernimiento, que es lo único que podrá sugerir la mezcla justa de paciencia e intervención en el acercamiento a los niños, especialmente en ese período inicial de cambio (ya sea por la inclusión en una escuela Montessori o por una nueva conciencia educativa desarrollada por los padres). También hay que subrayar que, desde la época de Sócrates, el primer paso indispensable para una reflexión crítica debe ser la idea de «conócete a ti mismo», para poder mejorar a veces, pero sobre todo para aceptarse a uno mismo y poder transmitir mensajes educativos claros, no contradictorios con las propias acciones.

Si las intervenciones educativas han sido adecuadas y la planificación del entorno ha sido eficaz, podrá completarse correctamente la fase de normalización y surgirá un orden del trastorno, en el que el niño podrá disfrutar por fin de la libertad necesaria para su correcto desarrollo. Esta fase tiene una duración variable en función de los niños (otra razón para no encontrar aulas formadas por niños de la misma edad, sino para permitir la mezcla de diferentes edades y experiencias); cuando todos han escuchado la llamada de esta fuerza interior, finalmente libre para expresarse, en el aula «el niño se vuelve tranquilo, radiantemente feliz, ocupado, se olvida de sí mismo y, en consecuencia, es indiferente a los premios o recompensas materiales. Estos pequeños conquistadores de sí mismos y del mundo que los rodea son en realidad superhombres, que nos revelan el alma divina que hay en el ser humano».[3]

A veces, la libertad de los niños puede expresarse en actos aparentemente «extraños», como las casi infinitas repeticiones de un mismo ejercicio: así los niños revelan un rasgo a menudo olvidado, su increíble capacidad de concentración.

¿Cómo es un niño realmente?

Los niños, una vez normalizados, revelarán su verdadero carácter, su verdadera naturaleza. Más allá de los contextos sociales e históricos, Montessori pudo observar características comunes a todos los niños que le revelaron procesos que definimos como «tendencias humanas».

El «descubrimiento del niño», que tuvo lugar en San Lorenzo en 1907 y que se ha repetido innumerables veces desde entonces en todo el mundo, nos ha revelado que los niños tienden naturalmente a la concentración y la calma cuando pueden participar en actividades y materiales de su

---

3. M. Montessori, *La mente del bambino, op. cit.*, p. 266.

elección, mostrando una propensión a repetir la actividad hasta haberla interiorizado; tienden al orden y al compromiso, y no necesitan premios ni castigos si encuentran espacios de libertad adecuados (por tanto, no excesivos); aprecian los momentos de silencio y desean poder ejercer su autonomía. También son naturalmente cooperativos y «obedientes», capaces de escuchar a los demás y de negociar soluciones satisfactorias en caso de conflicto. Esos niños necesitan encontrar condiciones que cambiarán cuando crezcan, pero si los adultos y el entorno que los rodea continúan respondiendo a sus necesidades profundas, realmente pueden revelar las brillantes posibilidades de la humanidad.

Una vez que se haya producido la normalización, la libertad y la disciplina irán naturalmente de la mano. En ese momento, los niños serán los protagonistas del trabajo en el aula. De hecho, corregir e impartir enseñanzas no es el papel del maestro Montessori, quien debe tener claro el principio de que no tiene que «enseñar conceptos a través de materiales, ni persuadir al niño para que los utilice sin cometer errores, pidiéndole que termine "bien" cualquier trabajo que haya emprendido».[4]

El material no representa «una ayuda para la enseñanza», sino más bien un medio para realizar de manera autónoma el propio desarrollo interior. Con confianza y amor, con paciencia y respeto, el trabajo del maestro y la influencia del entorno conseguirán que, uno a uno, los niños que se acerquen por primera vez a un entorno Montessori se «normalicen». Sólo entonces será posible presenciar el maravilloso despliegue de todo el potencial de bondad, concentración, inteligencia presente en cada niño. Todo padre lo sabe, pero fue Maria Montessori quien lo reveló al mundo. Nuestros niños son criaturas espléndidas, y es nuestra responsabilidad rodearlos del entorno adecuado para que todas sus maravillosas cualidades puedan expresarse mejor. La libertad permite a los niños explorar sus propias posibilidades de contribuir a la comunidad como individuos libres, independientes y activos. En todo momento se les ofrecen oportunidades continuas para practicar «la más alta de todas las artes: vivir juntos en correctas relaciones con los compañeros, todo el día y todos los días, en sus libres contactos sociales».[5]

---

4. M. Montessori, «Educare il bambino, rispettandolo. Consigli ai maestri», 1947, en *Quaderno Montessori*, invierno 1996/97, pp. 97-103.

5. E. M. Standing, *Maria Montessori. Her Life and Work*, Penguin Plume Books, Nueva York, 1984, p. 296.

Una pequeña comunidad

Una de las acusaciones más comunes contra el método Montessori es que es demasiado individualista y, por lo tanto, impide el correcto desarrollo de la socialización. Esto, como sucede a menudo, se debe a la falta de una comprensión completa de los principios filosóficos del pensamiento Montessori. Por otro lado, es un pensamiento complejo y ramificado, y lamentablemente es fácil confundir la adopción de alguna práctica docente con una adhesión sincera a los principios que la sustentan. Además, como ya se ha subrayado, la elección de Montessori de no adaptarse a los estándares académicos y de buscar maneras de trabajar con los niños y también un lenguaje y una escritura alejada de las rigideces disciplinarias de la academia, capaz de hablar al corazón y al alma de las personas (hay pocos científicos dispuestos a aceptar que no todo es medible o diseccionable bajo el microscopio) ha determinado su marginación y falta de reconocimiento por parte de los círculos oficiales de la pedagogía.

> La educación Montessori permite una relación auténtica, nunca forzada, siempre dictada por las necesidades profundas del individuo. Precisamente por eso los niños transitan por ella de manera verdaderamente significativa.

En realidad, basada en la observación y comprensión de las necesidades reales de los niños, permitiéndoles confiar y escuchar a su maestro interior, la educación Montessori consiente un contacto y una relación auténticos, nunca forzados, siempre dictados por las necesidades profundas del individuo. El ser humano es una criatura inherentemente social y sin la relación no es posible su desarrollo. Sin embargo, ¿qué es menos natural que verse impulsado a relacionarse sólo con personas de nuestra misma edad, haciendo cosas que nos son impuestas en tiempos dictados externamente? En el ambiente libre Montessori, en la condición de poder elegir entre un espectro de actividades adecuadas a las necesidades de crecimiento de cada uno, sin tiempos fijos, con una atención muy fuerte a la buena relación (¡tanto es así que una de las principales «materias» de la escuela Montessori se llama «gracia y cortesía»!), los niños y las niñas pueden conocerse de manera verdaderamente significativa. Inmersos en ambientes donde niños de al menos tres edades diferentes se encuentran juntos, con la posibilidad de un crecimiento interior autónomo, los niños «normalizados» podrán dedicarse a una auténtica socialización, que evolucionará en la edad siguiente hacia una verdadera y profunda capacidad bien arraigada de cooperación, empatía y colaboración. Precisamente Montessori dedicó profundas reflexiones a la necesidad humana de relacionarse con los demás, que se expresan en la importancia fundamental del grupo en la escuela primaria y, sobre todo, en todos los proyectos, aunque llevados a cabo después de su muerte, con los adolescentes.

En esta etapa de la vida, los niños, definidos como «recién nacidos sociales», necesitan un completo replanteamiento de las propuestas educativas dirigidas a ellos, que deben responder precisamente a las necesidades sociales cruciales. A los tres años de edad, el niño necesita ingresar en una comunidad y aprender sus reglas sociales, gracias a la importancia de la gracia y la cortesía, la planificación consciente del entorno, la convivencia con niños de diferentes edades. Sin embargo, la construcción de uno mismo también necesita competir con el trabajo libre e individual, que se expresa durante un largo período de tiempo sin ser perturbado. Sólo así la sociabilidad será genuina, no impuesta por los adultos, sino espontánea y auténtica, y florecerá plenamente a su debido tiempo.

Libertad y disciplina

Como hemos visto, la libertad está en el corazón del pensamiento Montessori y de su propuesta educativa. Sin embargo, tras una inspección más cercana, el tema de la libertad resulta ser decididamente complejo y delicado. «La libre elección es la actividad más alta: sólo el niño que sabe lo que necesita para ejercitar y desarrollar su vida espiritual puede de verdad elegir libremente. El niño que aún no sabe obedecer a un guía interior no es el niño libre»:[6] de hecho, uno de los secretos más profundos descubiertos por Maria Montessori es la íntima relación entre libertad y disciplina. Una relación compleja, que hace muy difícil construir ambientes escolares que respondan a sus maravillosas intuiciones.

La clave es la libertad, pero la libertad es a la vez condición y resultado de un proceso que no siempre es lineal. Para Montessori, la libertad y la disciplina son ambas señales de un individuo que es dueño de sí mismo, capaz de descubrir por sí mismo cuándo es necesaria la obediencia a una regla externa, al menos para la convivencia con los demás, y cuándo en cambio es importante cuestionarla. Este punto es realmente importante en la educación Montessori. Los niños de 3 a 6 años, por ejemplo, tienden a conocer y valorar los momentos de silencio, incluso por invitación del profesor, pero nunca se ven obligados a realizar todos la misma actividad, ni a seguir los tiempos establecidos por los demás.

Mediante el ejercicio y el trabajo libremente elegido, los niños pueden desarrollar sus capacidades naturales de autonomía y autocontrol. La intención es permitir que cada niño encuentre y siga la voz de su maestro interior; no confiar en la guía externa de un adulto, que a menudo tiene que imponerse con el uso de premios, sanciones o castigos. La incapacidad del niño para ejercer correctamente su libertad señala algún error en su entorno, o una falta de ejercicio de su voluntad. Para fortalecerlo, la solución es el trabajo, elegido libremente en un ambiente adecuado. No un «dejar hacer» genérico, sino por el contrario el intento consciente de hacer madurar y crecer esta capacidad interior de disciplina, condición necesaria para la libertad.

Es natural que el niño pequeño se moldee fácilmente, pero con demasiada frecuencia malinterpretamos esta característica con una invitación a ejercer nuestro poder para moldearlo a nuestro gusto. No somos los adultos los que podemos moldear la «cera blanda» del niño, sino que, como dice Montessori, «es el propio niño el que tiene que moldearse a sí mismo».[7]

6. M. Montessori, *La mente del bambino, op. cit.*, p. 270.
7. M. Montessori, *Il bambino in famiglia*, Garzanti, Milán, 1991, p. 43.

Los castigos, pero también las recompensas y los halagos, no ayudan al niño a escuchar a su maestro interior, sino que por el contrario interfieren en su proceso de crecimiento, en su capacidad de aplicarse con alegría a diferentes actividades. Montessori define los castigos y las recompensas como «instrumentos de la esclavitud del espíritu». Un niño sereno es generalmente un niño colaborador, profundamente generoso e incluso dispuesto a renunciar a su satisfacción inmediata. Transformar nuestra relación con él en una relación de fortaleza, en la

que sus errores se conviertan en agotadores «pulsos», puede incluso asegurarnos algunos resultados a corto plazo, pero ciertamente dará como resultado crecientes dificultades y desconfianza a largo plazo. Mejor invertir en comunicación, confianza, sentido compartido de estar juntos: eso nutrirá la relación, la autoestima del niño y, tal vez, incluso nos permitirá crecer junto a él.

De hecho, los niños a menudo actúan como un espejo para nosotros. Si bien un comportamiento irritante por parte de nuestro hijo puede significar muchas cosas, si lo observamos con un corazón sincero podremos darnos cuenta de que ese comportamiento nos dice algo preciso: ese niño nos está mostrando (si nos atrevemos a mirar) aspectos de nosotros que preferimos ignorar, o quizá contradicciones entre lo que decimos y cómo nos comportamos. O tal vez esa actitud sea una forma de llamar nuestra atención, demasiado centrada en otras cosas. Casi siempre nos remite a algún problema en nosotros, no en él. Para resolver conflictos y manejar con éxito los desafíos de los niños, los adultos debemos mirar dentro de nosotros mismos. Un problema constante con un niño es una señal muy clara de una cuestión no resuelta que nosotros, padres y adultos, aún no hemos identificado. Cada paso que damos para tomar conciencia, para observar honesta y claramente nuestras dificultades, nuestros desafíos, nuestros bloqueos es un paso fundamental para ayudar a la relación con nuestros hijos. Sólo desde aquí puede fluir una comunicación efectiva. Intentemos, en lugar de enviarlos a su habitación, castigarlos y amenazarlos, respirar hondo y entender lo que realmente están tratando de decirnos. Siempre estamos muy ocupados y, a veces, realmente no tenemos la energía para este ejercicio de atención plena. Sin embargo, reflexionemos sobre cuánto tendemos a anteponer nuestras necesidades a las de nuestros hijos: «Es extraño ver con qué frecuencia lo que consideramos su bien coincide con lo que nos resulta más cómodo», señala en varias ocasiones la doctora Montessori.[8]

Pensémoslo. ¿Cuántas de nuestras elecciones diarias derivan de precisas reflexiones educativas y cuántas de la búsqueda de soluciones que se ajusten a nuestras necesidades? ¿Son la libertad y la disciplina aspectos contradictorios, o deben proceder en profunda conexión mutua? ¿Somos capaces, como adultos, de ofrecer un auténtico modelo de autodisciplina y auténtica libertad?

Maestros del amor

El niño es «un maestro del amor», capaz de revelar las mejores características de la humanidad. El proceso educativo, si se desarrolla con respeto y comprensión de las necesidades de los niños, permite verdaderamente «ayudar a la vida a emprender los caminos amplios y siempre nuevos de la experiencia con espíritu de alegría, de fraternidad, de deseo del bien, de responsabilidad».[9]

El pensamiento Montessori está guiado por un sentido muy fuerte de conciencia de la conexión cósmica entre todos los seres vivos, por un pro-

---

8. M. Montessori, «Maria Montessori parla ai genitori», *Il leone verde*, Turín, 2018, p. 80.

9. Del manifiesto del premio *Educazione e pace*, edición de 2000, (www.operanazionale montessori. it/iniziative-ed-eventi/premio-educazione-e-pace/779-edition-2000).

fundo sentido ecológico del vínculo y del cuidado que es lo único que puede garantizar a la humanidad un futuro en este planeta. Las dificultades de traducir la visión Montessori en prácticas educativas concretas, que nacen de la necesidad de que éstas se arraiguen en la capacidad moral del adulto, lo cual es muy raro, no deben llevarnos a considerar el «método» Montessori como una utopía, sino más bien como un acicate para encontrar una manera de hacer que suceda.

Son precisamente los niños los que pueden mostrarnos el camino, gracias a su extraordinaria capacidad de ofrecer amor y confianza. Cuando nos falte, siempre podemos centrarnos en observarlos, y seguro que nos mostrarán el camino para recuperar la esperanza y la mirada amorosa sobre el mundo. Sólo este cambio de perspectiva, que debe orientar la acción educativa dirigida a todas las edades, puede ofrecer una salida a los múltiples desafíos que nos oprimen.

Para recordar

Maria Montessori, observando a los niños, creó un ambiente educativo destinado a que todos crecieran y se desarrollaran, diseñando escuelas desde la primera infancia hasta la madurez. Sin embargo, por lo que más se la conoce es por la Casa de los Niños, un modelo de jardín de infancia en el que los niños son libres de moverse y elegir su propia actividad, lo que les permite desarrollar habilidades de empatía, conexión, autonomía y responsabilidad.

Testimonio
Reflexiones sobre la
escuela y sobre Montessori

Manuela Moser,
maestra

«Si quieres construir un barco, no tienes que molestarte primero en llamar a la gente para que recoja madera y prepare herramientas; no distribuyas tareas, no organices el trabajo. Primero hay que despertar en los hombres la nostalgia del mar lejano e ilimitado. Tan pronto como se despierte en ellos esa sed, inmediatamente se pondrán manos a la obra para construir la nave».

ANTOINE DE SAINT-EXUPÉRY

Enseñé durante treinta años en la escuela tradicional estatal. Siempre me ha movido la intención de sentirme bien con los niños y de amar su alegría de vivir, sus ganas de aprender, que sin duda también me transmitieron a mí. Nunca he seguido un método o una modalidad clara. Así que nunca me pregunté si los niños eran felices. Eso sí, a veces me parecía que veía actitudes equivocadas, y a lo largo de los años hubo muchas. Robé el trabajo de queridos colegas válidos o reproduje lo que había recibido como estudiante.

De hecho, nunca estuve preparada para conocer al niño en sus etapas de aprendizaje y crecimiento. Me guio el entusiasmo que, afortunadamente, llegó a cubrir incluso los métodos incorrectos por falta de conocimiento. ¿Bastaba el entusiasmo? Si a alguien le debo algo es a Peter, que se dirigió así a la entonces joven maestra, cuando le preguntó insistentemente qué había entendido sobre cierto pasaje que había leído con dificultad y siempre con mucha insistencia: «¿Te interesa? ¡Léelo!». A Peter no le gustaba la escuela. ¿Cómo enseñar la nostalgia? Había una fisura, una fisura tal que fue el inicio de mi investigación para entender cuál era el interés de los niños y, por tanto, qué método, qué modalidad se necesitaba para despertarlo.

Ha habido numerosos intentos, a veces en grupo, a veces sola, teniendo en cuenta los cambios en la escuela, los compañeros y los directores. Pero me di cuenta de que siempre había un error de fondo, el hecho de proponer un método que en todo caso partía del maestro y no de las necesidades reales del niño.

De hecho, el niño no se involucraba mucho, no se respetaban sus tiempos de aprendizaje, y de todos modos volvía a un programa que tenía tiempos y análisis. Luego, el encuentro con un querido colega que había enseñado en el extranjero durante muchos años y un hermanamiento con Alemania fueron el contragolpe. ¡Se podía hacer, había escuelas donde uno aprendía de otra manera!

Me llamaron la atención los grandes espacios de las escuelas, la autonomía de movimiento en el entorno, la pluralidad de edades en una misma escuela. Por primera vez escuché el nombre de Montessori (antes lo asociaba con muebles para niños) y desde entonces tardé otros diez años y la realización de otros experimentos para llegar al nuevo comienzo. Así que tardé treinta años en poder estar en la escuela que, sin saberlo, siempre había querido.

Hoy trabajo desde hace seis años en un colegio público con el método Montessori. Soy plenamente consciente de que el mío es sólo el comienzo de un camino que ve al adulto obligado a revolucionar su manera de pensarse a sí mismo y al niño. El programa aquí tiene como protagonistas la observación, la paciencia, la fe total en que el niño te mostrará por sí mismo cómo guiarlo. Sin embargo, el guía tiene una gran tarea: observar para encontrar el camino que llevará al niño al conocimiento.

Voy a la escuela todos los días sabiendo que tendré la suerte de ver cosas asombrosas. Mis alumnos ahora tienen sólo seis años. Gestionan el entorno de manera autónoma, en armonía y con cuidado. Un hermoso entorno que se compone de muebles, materiales, plantas, libros y niños. Ellos mismos son el entorno que tienen que habitar y construir. Y tenemos la audacia y la ambición de decir que «construyen su propio camino de aprendizaje». Veintidós niños realizando veintidós actividades diferentes o trabajando en parejas que van desde la botánica, la siembra y el trasplante, pasando por la zoología, observando el ciclo de vida de una mariposa, pasando por la astronomía, dibujando las estrellas y su temperatura, pasando por la geometría midiendo el patio como hicieron los antiguos egipcios.

Me siento muy honrada y agradecida de poder ser parte de esto, donde ya no soy la maestra que conduce, sino la que lleva más allá de sí misma. Los escritos de Maria Montessori son guías de excelencia, ya que nos han dejado pensamientos y conocimientos esclarecedores. Todos los días podemos experimentar la genialidad de esta mujer y su visión holística del conocimiento. Todo lo que ha pensado tiene fundamentos científicos e históricos que nos obligan a tratar de entender la fuerza y la visión que hay detrás. También soy consciente de que, aunque lamento no haber conocido antes a esta extraordinaria mujer, puedo decir con certeza y con emoción que los niños llegan felices a la escuela, que desarrollan una extraordinaria capacidad de crítica y libertad de pensamiento y acción desde una edad temprana.

3 La educación Montessori en la familia

Silvia Sapori Tirelli

¿Alguna vez has sentido que te vibraba el alma al escuchar el discurso de alguien, o al cerrar impulsivamente un libro porque lo que estás leyendo resuena dentro de ti hasta el punto de causarte inquietud? ¿Alguna vez te ha atraído un pensamiento o un modelo educativo, y al mismo tiempo temes no poder comprenderlo o implementarlo? ¿Alguna vez te has preguntado por qué algunas visiones educativas diferentes o contrastantes con nuestra experiencia nos despiertan desconfianza?

Creo que el encuentro con algunas verdades sobre el ser humano, como lo fue para mí el encuentro con el pensamiento de Maria Montessori, puede causar inicialmente un dolor profundo, como una herida que no cicatriza. Se necesita coraje para optar por sanar ciertos dolores y cuestionar todas nuestras certezas (sobre las que quizá ya hemos construido durante años nuestro modelo educativo). Sin embargo, cuando comenzamos este proceso nos sentimos liberados, y cae un muro de certezas y nuestro corazón se abre a la escucha, y queremos interrumpir la lucha contra el corazón del niño.

Recuerdo la noche en que me di cuenta de que otra forma era posible. Acababa de tener a mi tercera hija y, junto con otras familias, habíamos decidido explorar algunos modelos pedagógicos para crear una pequeña realidad parental que respondiera a nuestra necesidad de sentirnos parte activa de su educación. Durante algunos años ya habíamos tomado algunas decisiones parentales que iban en contra de la tendencia, pero sentíamos que nuestra investigación no había terminado, que nuestras preguntas aún no habían encontrado una respuesta clara. El destino quiso que me dedicara al estudio del pensamiento Montessori y eso cambió para siempre nuestro estilo educativo.

Mientras leía los textos de Maria Montessori, percibí lo inconscientemente que mi esposo y yo habíamos luchado no sólo con nuestras niñas, sino sobre todo contra nosotros mismos. Tener que ser los adultos que habíamos decidido ser nos estaba agotando, optar por bajar los brazos para ver a nuestras niñas y nuestras fragilidades nos dio sangre nueva. Esa noche solté un largo y liberador grito.

Hasta la fecha, han pasado siete años desde que entre las paredes de nuestra casa hay vientos Montessori que nos empujan a continuas reflexiones y cambios. Tenemos cuatro niñas que nos invitan a ese acto de fe todos los días y una pequeña casa de acogida donde experimentamos cada día lo que significa educar contemplando al niño. Espero tener éxito en estas páginas para conducirte también al descubrimiento de esta increíble obra de amor.

Una casa a medida de la familia

«Éste es el primer desencuentro del hombre que entra en el mundo: tiene que pelear contra sus padres, contra quienes le dieron la vida. Y esto sucede porque su vida infantil es diferente a la de sus padres. El niño es diferente del adulto»:[1] es precisamente de esta diversidad de donde debemos partir para comprender cómo el ambiente del hogar puede convertirse en un campo de batalla o en el *locus amoenus* donde toda la familia siente que sus necesidades pueden ser satisfechas.

Entender que nuestras necesidades son totalmente diferentes a las de nuestros hijos (y entre los propios niños en función de la edad) puede ayudarnos a reajustar ambientes sin tener que buscar camas, adornos, juguetes y armarios considerados «montessorianos» que, sin las debidas reflexiones, se convierten en inútiles y caros.

Lo primero que puedes hacer para entender cómo reajustar tu hogar es observar a tus hijos: toma un cuaderno y sigue a tu hijo mientras se mueve por la casa tratando de no perturbar sus acciones y anotando cuidadosamente lo que sucede. Puede ocurrir que el niño quiera un libro pero no lo encuentre, que tenga hambre pero no pueda comer solo, que quiera ir al baño pero necesite que tú lo lleves, que quiera colorear pero no sepa dónde encontrar lo que necesita, que busque un lugar para relajarse y no lo

---

1. M. Montessori, *L'autoeducazione*, I saggi del Corriere della Sera, Milán, 2018, p. 269.

encuentre… o simplemente que te persiga por toda la casa sin encontrar una verdadera ocupación, sin interesarse por nada, porque sólo busca una relación contigo.

Por tanto, se percibe que el niño debe solicitar tu intervención para satisfacer sus necesidades en su hogar. Entre los 3 y los 6 años, la incapacidad de satisfacer de manera autónoma las propias necesidades crea una gran frustración. Maria Montessori, de hecho, escribió que «el niño intenta vivir y nosotros queremos impedírselo».[2] Después de todo, cuando se le pone en condiciones de llevar a cabo sus acciones de forma autónoma, el niño se vuelve alegre, ¡y un trabajador incansable! La tarea de los padres es cuidar el ambiente del hogar para que toda la familia pueda moverse y realizar actividades sin sentirse limitada o desapegada. Como explicaba Maria Montessori, «si preparamos al niño un

_____
2. M. Montessori, *L'autoeducazione, op. cit.*, p. 270.

> **El movimiento es, pues, esencial para la vida; y la educación no puede concebirse como un moderador o, peor aún, un inhibidor del movimiento, sino sólo como una ayuda para gastar bien la energía y dejar que se desarrolle con normalidad.**
>
> *Maria Montessori, La scoperta del bambino*

ambiente en la casa adecuado a su tamaño, a su fuerza, a sus facultades psíquicas, y entonces lo dejamos vivir libremente, habremos dado un gran paso para resolver el problema educativo en general, ya que le habremos dado al niño su entorno».[3]

Entonces, ¿cuáles son las características de un niño de esta franja de edad que debemos tener en cuenta?

★ En primer lugar, debemos considerar su incontenible necesidad de *movimiento*: una casa que no permite al niño moverse libremente en su entorno inhibe constantemente una necesidad fisiológica que la naturaleza ha diseñado para permitirle desarrollarse. Al moverse, el niño aprende a coordinarse y al mismo tiempo hace funcionar el sistema nervioso, que es el responsable de las funciones voluntarias e involuntarias de todo el organismo (incluyendo el equilibrio, la postura y los movimientos musculares). También podemos observar que, en el niño de 3 a 5 años, las piernas son considerablemente más cortas que las de un niño de 6 a 11 años; por tanto, su necesidad de correr deriva precisamente de su estabilidad inmadura, así como de la necesidad de tumbarse en el suelo y encontrar momentos para estirar las extremidades. El movimiento está íntimamente relacionado con el desarrollo mental y debemos tener en cuenta este dato a la hora de modificar los espacios de la casa, porque es precisamente ahí donde el niño seguirá haciendo ejercicio el tiempo que sea necesario.

★ En los primeros años de vida, las manos han desarrollado la capacidad de agarrar, sujetar o soltar objetos. Ahora los objetos domésticos se convierten en herramientas para actuar sobre el entorno: ¡las ma-

---

3. M. Montessori, *Il bambino in famiglia*, I saggi del Corriere della Sera, Milán 2018, p. 81.

nos ahora se dirigen al trabajo! Maria Montessori, en efecto, escribió que *la mano es el órgano de la inteligencia*, lo que permite al niño tomar posesión del entorno y hacerlo suyo: por lo tanto, será necesario disponer los instrumentos, los objetos, las herramientas en la casa en proporción a las manos de los niños, para que su uso pueda satisfacer la necesidad del niño de utilizar las cosas de manera autónoma y de estudiarlas, respetando así su actividad espontánea.

> **Si el niño encuentra el campo de acción correspondiente a sus necesidades íntimas, nos revelará también cuánto más necesita para el desarrollo de su existencia.**
>
> **Maria Montessori, *Il bambino in famiglia***

★ Otro aspecto fundamental en este período de desarrollo es *la profunda necesidad de organización*: en esta edad sensible, los niños se sienten atraídos por el análisis preciso de los movimientos y por el estudio del procedimiento para realizar una determinada tarea. Por eso les encanta poner orden en su cajón y saber exactamente dónde poner la camiseta o buscar los calcetines y quieren observar a los padres que día tras día repiten una determinada tarea. Si prestamos atención veremos que reproducirán nuestras acciones copiando meticulosamente sus movimientos. Observé por casualidad a una de mis hijas que al salir del baño se encargaba de apagar el interruptor y colocar la toalla, imitando perfectamente la acción que yo mecánicamente realizaba cada vez que salía de la estancia, o también cómo al lado del plato que contenía un plátano colocaba un bol para dejar la cáscara. Esto siempre sucede por una necesidad psíquica, el cerebro ahora está definiendo la coordinación de movimientos y al mismo tiempo organiza el conocimiento.

Fortalecidos con esta información ya podemos dedicarnos a la preparación del entorno.

Cuando invito a los padres a modificar sus habitaciones, sucede que a algunos les molesta la posibilidad de que algunas estancias de la casa puedan ser invadidas por los juguetes de sus hijos: este malentendido se da porque seguimos pensando que nuestros hijos no tienen las habilidades para ser capaces de actuar de manera competente sobre el ambiente y que sólo pueden participar en actividades triviales. En realidad, los niños de esta edad se dedican al cuidado de sí mismos, de los demás y de la casa. Ahora intentemos centrarnos en las diferentes habitaciones para entender cómo pueden volverse adecuadas para toda la unidad familiar y permitir que el niño actúe libremente en el espacio.

La sala de estar

Para la familia, la sala de estar representa el lugar donde se está juntos, un sitio acogedor y hermoso donde la actividad se fusiona con el ocio. En esta sala no puede faltar una alfombra donde poder tumbarse (recordemos que los niños de esta edad necesitan tumbarse boca abajo apoyados en los antebrazos con las piernas flexionadas) y una pequeña librería abierta: cuida este espacio, los libros[4] expuestos puede seguir los intereses del niño o proponer nuevos temas para descubrir juntos, pero es importante que

---

4. No necesitas recurrir a librerías muy caras: puedes construir tu propia librería con estantes a la altura adecuada y colocando libros en ellas para que el niño pueda ver la cubierta.

sean de calidad, con imágenes bonitas y textos bien acabados. Sería conveniente variar los libros cada 3 o 4 meses y no exagerar con la cantidad.

Algunos niños se apegan a algunos textos y les encanta leerlos muchas veces seguidas. En este caso, no te apresures a reemplazar el libro y satisface sus necesidades: un libro conocido nos recuerda una sensación de seguridad, el niño recuerda el principio y el final de la historia con precisión, es un contenido conocido, ya analizado, así que es seguro. A veces llega a memorizar el texto y escudriñar las imágenes hasta el más mínimo detalle: es probable que ese texto conmueva emocionalmente a nuestro hijo, lo eligió porque le hace sentir a gusto y ese sentimiento es tan hermoso que quiere revivirlo con nosotros tanto como sea posible. Además, escuchar tantas veces el texto repetido le permite trabajar la sintaxis de la oración y, en consecuencia, activar un área del cerebro encargada de comprender el lenguaje (área de Wernicke).

He analizado deliberadamente esta necesidad particular de nuestros hijos para hacerles ver cómo las peticiones que nos parecen extrañas o incluso malas («¿Otra vez este libro? ¡Ya basta, leamos otro!») en realidad esconden una necesidad fisiológica; el maestro interior del niño busca un sentimiento de seguridad y bienestar, una emoción para compartir contigo: «Las emociones representan los procesos integradores que hacen que la mente sea capaz de autoorganizarse. Las formas en que percibimos y comunicamos emociones pueden ser decisivas para el desarrollo de un sentido de vitalidad y significado dentro de nuestras vidas».[5]

5. D. J. Siegel, M. Hartzell, *Errori da non ripetere. Come la conoscenza della propria storia aiuta a essere genitori*, Raffaello Cortina, Milán, 2005, p. 53.

En la librería no puede faltar un pequeño álbum de fotos que recopile los momentos más importantes de la vida de tu hijo. Puede hojearlo de manera autónoma o junto con mamá y papá, para enriquecer la experiencia con historias sobre sus primeros años de vida. Los niños de esta edad intentan comprender el paso del tiempo, aunque todavía les cueste abstraer los conceptos de días, meses y años: poder comprender los cambios en el propio cuerpo a través de imágenes, y redescubrir momentos importantes como un cumpleaños o el nacimiento de un hermanito/hermanita, lo ayudará a crear una memoria temporal.

Esta herramienta también puede ser útil cuando la familia se hace más grande: ver que la atención que mamá y papá le dedican al recién llegado sea la misma que la que le dan al mayor puede ayudar en el proceso de cambio.

Junto a la librería puedes disponer un sillón donde el niño pueda dedicarse a leer o a escuchar música (también en este caso puedes poner un reproductor de música para que lo utilice de manera autónoma) y una pequeña lámpara que se puede encender según sea necesario: estos detalles llaman la atención de los niños, porque aman los detalles y las cosas reales y bellas. También puedes colocar pequeños objetos curiosos en una estantería baja que pueda observar, limpiar y manipular (marcos con sus fotos, tarros de cerámica, figuritas de cerámica…). Puede suceder que estos objetos se rompan, pero es precisamente así como el niño aprenderá a manejar los objetos frágiles y queridos de la casa y a cuidarlos con amor: «Verdaderamente, el brillo, los colores, la belleza de las cosas alegres y de los adornos son los que llaman la atención del niño hacia sí mismas y lo estimulan a actuar. Esos objetos tienen una elocuencia que ningún maestro jamás podría lograr: llévame, dicen; mantenme intacto; ponme en mi lugar».[6]

En vez de añadir cajas de juegos, puedes preparar una cesta con mantas y toallas con las que improvisar cabañas, refugios y lugares mágicos para dejar volar la imaginación: el sofá se convierte en un fuerte perfecto y los cojines en sólidos muros para protegernos. Finalmente, puedes hacer-

---

6. M. Montessori, *La scoperta del bambino*, I saggi del Corriere della Sera, Milán, 2018, p. 102.

te con pinturas, imágenes o lienzos que puedan recordar la búsqueda de la verdad y la belleza según las inclinaciones personales de la familia.

Haz que la casa despierte preguntas y deja que tus hijos participen en la búsqueda de las respuestas. Cuando montes un mueble ofrécele la llave Allen, cuando arregles algo que esté roto pídeles que le pongan pegamento, cuando enrolles una alfombra o dobles toallas ¡déjalos participar en el proceso! Las preguntas surgirán espontáneamente y el niño tenderá cada vez más a imitarte y a perfeccionar su técnica. Recordad, queridos padres, no importa cuántas cosas atractivas coloquéis en la habitación de vuestros hijos, la sala de estar siempre será su lugar de acción favorito.

La cocina

«Si lava los platos, limpia lo que otros han ensuciado, y si pone la mesa, procura el bienestar de muchos otros que no han compartido el trabajo con él. Sin embargo, el niño no considera este trabajo hecho por otros como un esfuerzo suplementario digno de una recompensa; no, ese esfuerzo es precisamente el premio que más codicia»:[7] en la cocina, la actividad exterior del niño se orienta a fines sociales. Tener tareas claras con un propósito que puede lograr de manera autónoma y de las cuales otros se beneficiarán satisface las leyes de su desarrollo interior. Habrás notado cómo a los pequeños les encanta vaciar o llenar el lavavajillas, ¡cuánto les gusta poder verter agua o lavar los platos!

---

7. M. Montessori, *Il bambino in famiglia*, *op. cit.*, p. 57.

Este ambiente atrae fuertemente el interés del niño, pero también es un entorno en el que los estímulos a menudo se ven empañados por los miedos de los adultos: puedes cortarte, puedes romperlo, ¡cuidado, te quemarás! Muchos padres dejan que el niño juegue con ollas y cucharas en los primeros años de vida, pero cuando la demanda cambia y se convierte en «ayúdame a hacerlo yo mismo» prefieren llevar a sus hijos a otras habitaciones para no encontrarse con dramas domésticos (en muchas familias no es sorprendente que, mientras el padre o la madre prepara la cena, los niños sean «neutralizados» frente al televisor).

Sin duda es agotador darle al niño la debida atención después de un día de trabajo, sobre todo teniendo en cuenta que su demanda de atención después de estar juntos será muy alta. Una vez más es necesario dar un paso atrás y no actuar directamente sobre el niño, es mejor crear espacios de libre acción y preparar la cocina para que pueda ayudarte sin tu constante intervención. Créeme, es inútil seguir pidiéndole al niño que juegue mientras tú haces las tareas, el niño quiere participar, actuar en el entorno y sentirse útil: «Cuando la madre lava la ropa o amasa el pan, el niño también puede trabajar con ella si encuentra objetos adecuados, y así se prepara para la vida».[8] En primer lugar, puedes instalar un estante bajo (alternativamente, una mesa pequeña) donde tu hijo pueda trabajar de manera autónoma mientras está de pie; también puedes tener estantes bajos o un carrito (en este caso utiliza tu imaginación dependiendo de los espacios que tengas disponibles) donde puedes guardar pequeñas botellas de vidrio para que pueda verter agua él mismo, y una vajilla adecuada para sus manos. Busca utensilios de cocina hechos a medida con los que pueda mezclar, cortar y exprimir fácilmente y

---

8. M. Montessori, *Educazione per un mondo nuovo*, I saggi del Corriere della Sera, Milán 2018, p. 104.

utilizar la cocina según las tareas que realices y por las que tu pequeño muestre más ilusión: «Cuando los objetos están hechos para él, en proporción a su altura, y puede ocuparse de sus asuntos con ellos tal como lo hacen los adultos, todo su carácter parece cambiar y se le ve tranquilo y contento».[9] Prepara un taburete para que el niño pueda alcanzar los vasos y te los pase, prepara un cajón bajo donde pueda sacar de forma independiente los cubiertos o las servilletas para poner la mesa. Si no tienes un rincón dedicado a la limpieza de la casa, puedes colgar pequeños ganchos en la pared donde el niño pueda encontrar un trapo para secar, un delantal para cocinar y una pequeña escoba para barrer.

En los últimos años, las *learning tower* se han extendido por todo el mundo:[10] pueden ser una buena alternativa si no tienes la posibilidad de crear estantes bajos donde el niño pueda trabajar, pero he observado que a menudo dificultan la posibilidad de moverse de manera autónoma en el entorno porque tienen que ser manejadas por los padres y ocupan el mismo espacio de trabajo que el adulto: ¡recuerda que el deseo del niño es sentirse útil, poder hacerlo él mismo! Para ayudarle a descubrir el trabajo a realizar en la cocina, puedes colgar un menú semanal dibujado (además de escrito) con los platos que puede ayudarte a preparar: por ejemplo, si tenemos que cocinar pollo con patatas, tú pon su nombre con un rotulador en el dibujo de las patatas que hay que pelar para que reconozca su tarea y la lleve a cabo mientras tú te dedicas al pollo. ¡Estoy segura de que te sorprenderás de las habilidades que tu hijo revelará y de cómo poco a poco se convertirá en el amo del entorno!

> Cuando se hacen objetos para el niño, y puede realizar su actividad como los adultos, todo su carácter parece cambiar y se le ve tranquilo y feliz.
> Maria Montessori, *Educazione per un mondo nuovo*

---

9. M. Montessori, *Educazione per un mondo nuovo*, cit., p. 104.

10. Es una especie de escalera de base y costados anchos (para garantizar la seguridad del niño), utilizada para llegar a las encimeras.

★ Comida, nutrición y descubrimiento

En Italia, la alimentación es uno de los temas más delicados tanto en el hogar como en la educación, tanto que es uno de los principales motivos de preocupación entre padres y educadores. Se pone mucho énfasis en la calidad y cantidad de alimentos que come el niño, sin considerar un factor central en la relación cuerpo-alimento: el apetito.

Al igual que en las actividades en casa, antes de hacer un cambio, te invito a observar al niño durante un día en el que no le ofrezcas comida directamente, sino que la prepares mientras esperas su demanda: anota cuántas veces pide alimento o agua y descubre su fisiología alimentaria natural. Esta observación probablemente resaltará necesidades fisiológicas diferentes a las que sigues habitualmente y te ayudará a dar más confianza a las solicitudes de tu hijo: es realmente importante que pueda aprender a reconocer la sensación de hambre y saciedad y que pueda remediarlo de manera autónoma. Sería bueno habilitar una zona donde el niño pueda encontrar una pequeña jarra llena de agua, un vaso de vidrio adecuado para sus manos y algo de comida. Puede pensarse que está mal dejarle alimentos disponibles todo el día, pero en realidad, si dejamos alimentos sanos y de fácil digestión como frutos secos, verduras y frutas de temporada, el niño aprenderá poco a poco a reconocer la sensación de hambre y a dosificarla de acuerdo a la rutina familiar con las comidas,[11] tal vez evitando situaciones de hambre aguda que generalmente ocurren mientras los adultos preparan la comida.

La comida seguirá siendo el momento privilegiado para la alimentación, pero también en la mesa hay que tener cuidado de no reemplazar completamente al niño: en el almuerzo o la cena, ofrécele dos/tres opciones para que el niño pueda cambiar gradualmente e identificar su gusto personal a través de la variedad, y al mismo tiempo educarlo en la toma de decisiones.

Comer es una de las experiencias sensoriales más completas, sería realmente simplista seleccionar y ofrecer repetidamente alimentos a nuestros hijos según nuestros gustos o elecciones alimentarias. Es recomendable

---

11. Distribuye los alimentos de acuerdo a la capacidad de tu hijo para comer de manera autónoma, prefiriendo los alimentos recomendados en la alimentación complementaria.

poner el almuerzo o la cena en la mesa para que el niño se sirva el alimento elegido y elija la cantidad. Normalmente los niños se sientan a la mesa y el padre les pasa el plato ya lleno, pero, como hemos visto, en esta franja de edad el niño quiere hacerlo él mismo y no le gusta la decisión que viene de arriba: así que intentemos dar libertad de elección también en la mesa, salvaguardando siempre la correcta alimentación y la propuesta.

La hora de la cena es una oportunidad para hablar y estar juntos; evita que el niño cene solo, déjalo participar de ese momento y crea un diálogo que permita a todos los miembros de la familia escuchar y ser escuchados. Podemos comenzar contando nuestro día haciendo referencia a algunos hechos destacados y luego dejar espacio para que el niño cuente algo sobre el suyo, ¡pronto te encontrarás compitiendo por quién habla primero! La cocina también se presta bien para montar pequeños «rincones de olores», a donde el niño puede ir a oler y comparar el tomillo, la albahaca, el orégano y aprender a reconocerlos con todos los sentidos. También puedes sorprender a tus hijos dejándoles encontrar unas vainas de vainilla o cáscaras de mandarina para que cada vez amplíen más su sentido del olfato.

El cuarto de baño

El baño es la habitación dedicada al autocuidado. Es fundamental que en este grupo de edad el niño tenga la oportunidad de lavarse y vestirse de manera autónoma. A menudo se utilizan taburetes para colocar debajo del lavabo, pero especialmente alrededor de los 3 años, los niños no siempre pueden alcanzar el grifo o el jabón. Por eso recomiendo poner una mesita en el baño con un bol (ni muy pesado ni muy ligero), una jarra, un cesto con toallas adecuadas para sus manitas y un pequeño bol para el jabón (para que el niño pueda llenar la jarra él solo del bidé y verter el agua en el bol que a su vez se vaciará nuevamente). A esta edad, el agua y el jabón crean momentos especiales de concentración, es posible que veas que algunos niños recurren a lavarse con frecuencia ya que esta actividad les satisface profundamente.

Si es posible, añade un espejo (el espejo deja ver la suciedad de la cara y el niño al verla se lavará a fondo), un cepillo y pequeños accesorios que le encante usar (como diademas, bufandas o gorros). También puedes guardar un bote pequeño de crema: he observado que a los peques les atrae mucho, tanto por su consistencia como por su perfume, y les encanta untarla por todo el cuerpo con mucho cuidado. Te propongo colgar un gancho a la altura del niño para pueda colgar el albornoz de manera autónoma y una sillita, o alfombra, que sirva para vestirse y desvestirse: «Cada niño que sepa cuidarse, que sepa ponerse los zapatos, vestirse y desnudarse por sí mismo refleja en su alegría un reflejo de la dignidad humana. Porque la dignidad humana deriva del sentimiento de la propia independencia».[12]

Por la mañana y por la noche, sería recomendable que el niño encuentre en ese ambiente todo lo que necesita para arreglarse, por lo que recomiendo también definir un lugar donde pueda preparar la ropa del día siguiente o guardar su pijama para que no siempre tengas que pedirle que «busque» las cosas que necesita. Al igual que a los adultos, a los niños también les encanta leer en el baño, por lo que puedes colocar junto a los muebles del baño una cesta que contenga dos o tres cuadernillos con imágenes y frases breves. Esta simple acción ayuda a relajar y crear autonomía en las necesidades fisiológicas.

El dormitorio

Lamentablemente, el dormitorio es objeto de confusión para muchos padres que pretenden acercarse al pensamiento de Maria Montessori. La red ofrece propuestas muy extravagantes de las llamadas camas y armarios «montessorianos» pero en realidad, para crear una habitación adecuada a las necesidades de tu hijo, debes tener en cuenta que los muebles deben ser sencillos, proporcionados, agradables, prácticos y ordenados.

---

12. M. Montessori, *Il bambino in famiglia*, *op. cit.*, p. 56.

Por lo tanto, no es necesario tener una cuna con forma de cabaña o un armario abierto, sino que es importante que el niño pueda subir y bajar de la cuna de manera autónoma y que sea capaz de abrir la puerta del armario para sacar su ropa: «Tenemos que dar el niño un ambiente que le pertenezca solo a él [...]; una cuna en la que dormir por la noche con una bonita manta encima que él mismo doblará y extenderá. Un entorno en el que el niño pueda vivir y jugar: entonces lo veremos trabajar todo el día con sus manitas y esperar impacientemente la hora de desvestirse solo y acostarse en su cuna.[13] Por lo tanto, debes preferir cunas de suelo que tengan solo lados pequeños para enmarcar el colchón (algunas tienen lados pequeños y una abertura en la parte inferior), para que cuando el niño se sienta cansado o se prepare para acostarse, pueda acceder a ella sin tu ayuda. Las cunas con barrotes le comunican al niño que su necesidad fisiológica de descansar y despertar está totalmente delegada al adulto y le niegan el ejercicio más importante, reconocer su necesidad de descansar. No tengas miedo a las caídas, he observado que los niños tienden a caerse de la cama hasta los 6 años, pero aquellos que han dormido con las barandillas levantadas. Esto también es una habilidad que se aprende con la práctica y si es necesario puedes colocar una alfombra mullida al lado de la cuna las primeras veces.

---

13. M. Montessori, *Il bambino in famiglia*, cit., p. 101

En cuanto a los armarios, puedes comprar algunos modelos ya dispuestos o simplemente bajar los estantes de cualquier armario y colocar el tirador más abajo: ten cuidado de dejar expuesta sólo la ropa que el niño pueda usar sin exagerar en la cantidad, para que pueda coger una muda sin que tú debas modificarlo constantemente. Crea un espacio dedicado a las actividades del niño (como una mesita con sillas y contenedores con las herramientas artísticas disponibles) y estantes donde pueda encontrar sus juguetes y reorganizarlos fácilmente, siempre siguiendo el criterio de economía y rotando los juegos según períodos e intereses. Observando a mis hijas, me fijé que el movimiento físico y el juego simbólico son los grandes pilares del dormitorio: un columpio de tela, una colchoneta de gimnasia, una hamaca o un trapecio pueden convertirse en grandes aliados a la hora de tener que canalizar energías, mientras que los disfraces, bolsos, muñecos, cocinas, herramientas, cabañas, espadas, antorchas y sombreros pueden dar vida a larguísimas tardes de juego en compañía de hermanos o amigos. Con demasiada frecuencia se sabe que la elección de los juegos se ha centrado en los adultos, de modo que el padre, aunque ha tratado de alejarse de la basura de plástico, no ha logrado seguir los intereses y gustos del niño.

No quiero decir que sea necesario comprar todo lo que el niño quiera, pero sí que conviene observarse siempre a uno mismo para poder ofrecer a nuestros hijos momentos de juego de calidad en lugar de embellecer

> **El más importante de los principios es respetar todas las formas de actividad razonable del niño y tratar de comprenderlas.**
> **Maria Montessori,**
> *Il bambino in famiglia*

la habitación con tantas decoraciones y artilugios que sobran, en su mayoría sin usar. Por eso desaconsejo la compra de material didáctico con fines lúdicos y te invito a buscar las actividades que más se acerquen a las necesidades psíquicas de tu hijo (por ejemplo, si ves que le encanta apilar cosas, puedes comprar un juego de construcción de bloques de madera; si le

No seáis «esclavos» de la perfección y el orden, sed cómplices en el cuidado del ambiente junto a vuestros hijos, permitiendo que la pintura caiga al suelo, la harina invada la cocina y los objetos cambien de disposición.

encanta manipular, puedes ofrecerle plastilina para modelar; si, por el contrario, muestra necesidad de cuidar puedes darle un muñeco con su propia cuna y todo lo necesario para cuidarlo, y así sucesivamente…).

Antes de comprar algo que te gusta mucho pero que no has pensado desde el punto de vista educativo, pregúntate: ¿le gustará a mi hijo? ¿Satisface alguna de sus necesidades? ¿Cumple con alguno de sus intereses?

En conclusión

Quiero concluir este apartado sobre los espacios con un consejo que considero valioso: entiendo perfectamente que para muchos padres el hogar representa la realización de sus deseos plasmados en un espacio que finalmente es «nuestro», pero por otro lado, sin embargo, tus hijos no son huéspedes de este ambiente, son sus dueños tanto como tú. La casa evolucionará con ellos, al igual que evoluciona según las necesidades y gustos de los adultos, sólo hay que prestar atención a cómo cambian las necesidades y suman o restan según pasa el tiempo. No seáis «esclavos» de la perfección y el orden, sed cómplices del cuidado del ambiente junto con vuestros hijos, permitiendo que la pintura caiga al suelo, la harina invada la cocina y los objetos cambien de disposición. Cuando terminen las actividades, podéis ordenar juntos, invitando a tu hijo a dedicarse por lo menos a una tarea.

Así que atesora frases como «¿Ya te apetece ordenar conmigo?», «¿Retiramos uno cada uno?», «¿Qué te parece si yo recojo los juegos y tú

limpias la mesa?», «Qué lástima que este hermoso libro se haya roto, ¿lo arreglamos juntos?». Es fundamental que el niño perciba que ese lugar de vida es también suyo y que, como todos los miembros de la familia, puede cuidarlo y vivir en él sin sentirse inadecuado.

Experiencias extraescolares significativas

En nuestra sociedad, las actividades extraescolares son innumerables y ahora parece necesario que nuestros hijos asistan a la mayor cantidad posible. A menudo escucho a los padres alardear de los muchos cursos extracurriculares a los que asisten sus hijos, que en los casos más extremos ocupan todos los días de la semana. A veces estas actividades coinciden con los sueños incumplidos de papá y mamá, otras veces corresponden a una redención social («¡Mi hijo ya está en el conservatorio!»), y otras son un relleno para que lleguen agotados a la hora de cenar y poderlos meter enseguida en la cama.

En casos excepcionales, la familia ha escuchado la necesidad del niño y la ha traducido en una experiencia significativa. Sin embargo, en este tema aún no podemos dar una regla a seguir, pero la herramienta privilegiada entre tú y tu hijo sigue siendo la observación: cada uno de nosotros es único e irrepetible, tenemos diferentes inclinaciones y gustos, pero también una sensibilidad y una capacidad para manejar la fatiga de un modo muy diferente. Si un niño de entre 3 y 6 años asiste a la guardería todo el día (a veces aprovechando el horario de preescolar y posescolar) por necesidades laborales de los padres, no parece sensato ofrecerle una actividad diaria más. Recuerda que el tiempo que pasa fuera de casa exige que el niño de esta edad tenga que desplegar continuamente diferentes habilidades y manejar diferentes niveles de relaciones en un entorno que, a pesar de ser respetuoso y adecuado, no es su espacio «seguro».

Es muy probable que fuera de la escuela sienta la necesidad de encontrar su nido, sus cosas, su calma interior y sobre todo a sus padres, con quienes simplemente podrá ser quien es sin tener que medir emociones ni equilibrar caminos. No quiero demonizar el deporte, los talleres de arte, etc., pero mi invitación es que escuches las necesidades reales del niño para entender qué es lo que realmente lo enriquece y qué lo priva de su bienestar interior.

Si el tiempo fuera de casa ya es considerable, podemos encontrar algunas actividades para disfrutar juntos el fin de semana (todavía recuerdo cómo mi tercera hija se alegraba de saber que su madre la veía nadar los sábados por la mañana) o decidir sólo un día de la semana para dedicarnos a algo especial: una tarde juntos en la biblioteca o en una librería, una mañana en el establo para cuidar los caballos, un momento de libre expresión artística..., siempre teniendo en cuenta que la petición debe venir del niño, no de nosotros.

También podemos hacer algunas sugerencias y llevarlos a probar diferentes deportes, pero en este grupo de edad, tener que dejar a los padres nuevamente después de la escuela para unirse a un nuevo grupo, con un maestro desconocido, a menudo genera ansiedad y reticencia a medida que avanza en la experiencia. Así sucede que muchos niños saltan de una actividad a otra, cambiando constantemente de entorno y encontrando en el fondo poca satisfacción en la actividad realizada.

En algunos niños el interés por un deporte es evidente, en otros aparece oculto, en otros aún ¡no está! Esto no debe asustarte, es absolutamente normal que un pequeño decida dedicar su tiempo libre a lo que necesita: tiempo para él mismo.

Elogio del aburrimiento

Entiendo perfectamente que, en el mundo frenético en el que vivimos y en el que la exigencia de eficiencia parece cada vez mayor, es difícil bajar las expectativas y aceptar hacer cosas normales, cotidianas, sin pretensiones; pero es precisamente en ese tiempo «vacío» cuando nosotros, junto con nuestro hijo, podemos nutrir la relación y vivir momentos de «nada» infinita. Maria Montessori advertía a educadores y padres contra ese aburrimiento que surge de la sensación de insatisfacción con algunas actividades o de la repetición de situaciones contrarias a la propia inclinación (especialmente en el ámbito escolar) pero, como escribió el pedagogo, escritor y médico polaco Janusz Korczack, muchas veces somos los adultos los que creemos que las cosas a las que el niño decide dedicarse son aburridas y nos afanamos en llenar constantemente el tiempo de juego: «Tengo numerosas pruebas de que el niño puede ocuparse durante muchas semanas y meses con lo mismo y no desea cambios. El juguete favorito nunca perderá su encanto: escucha la misma historia con la misma curiosidad muchas veces. Y, por el contrario, tengo pruebas de que la madre está preocupada por la uniformidad de los intereses de su hijo.[14]

---

14. J. Korczack, *Come amare il bambino*, Luni editric, Milán, 2018, p. 98.

El aburrimiento puede convertirse en un momento privilegiado para que el niño centre su atención en sí mismo en lugar de dirigirla constantemente hacia estímulos externos. La inactividad puede ser una panacea para nuestros hijos, acostumbrados a ser bombardeados con mil peticiones, porque permite que el cerebro «descanse» centrándose únicamente en movimientos corporales involuntarios como la respiración. No es necesario hacer un curso de *mindfulness*, pero es fundamental encontrar espacios donde el niño sienta que puede concentrarse en sí mismo, dándole la oportunidad de encontrarse consigo mismo, con sus emociones, sus sueños y sus deseos. Precisamente de esos momentos de aburrimiento pueden surgir ideas, propuestas y momentos de juego que se centren en las necesidades profundas de los niños, a veces ocultas por el frenesí de nuestra vida.

No te desesperes si el mejor lugar para jugar en una tarde lluviosa es el salón. A mi hija de cuatro años le encantaba poner una mesita al lado de la estufa en invierno y jugar con la vajilla que nos regaló la abuela. Lo preparaba todo con sumo cuidado: un plato con galletas, cucharitas, miel y, a veces, un jarrón con flores. Luego me entregaba una nota (garabateada) invitándome a tomar el té de las cinco con ella y me esperaba emocionada en la silla: fingíamos así ser damas elegantes en un salón de té, y ella charlaba animadamente sobre su sombrero y sus diez hijos.

Esta actividad, que a los ojos de los adultos puede parecer trivial, engloba no sólo el deseo de hacerlo por sí mismo, sino, sobre todo, la necesidad de una relación, de estar contigo. Es necesario invitar a los padres a hacer algunas reflexiones profundas sobre el tiempo que pasan juntos con sus hijos: ¿cómo me siento cuando estamos solos juntos? ¿Puedo ver el tiempo sin actividad como tiempo de calidad? ¿Qué me comunica mi hijo en esos momentos? ¿Estoy realmente listo para dejar que él me guíe? Pero, sobre todo: ¿somos felices cuando estamos con nuestros hijos? Tal vez esto es exactamente lo que nos empuja en la dirección opuesta, sugiriendo que, si llenamos los días de nuestros hijos, tal vez no lo hacemos por ellos sino por nosotros.

Ser padre hoy en día es agotador, muchos tenemos trazado un horizonte al que aspirar para ser dignos de ese nombre y nos cargamos de expectativas (muchas veces inalcanzables) para poder mirarnos al espejo sin demasiado desprecio. Nosotros también tenemos una necesidad desatendida que nos empuja en las direcciones más dispares: hay quienes han estudiado a fondo la paternidad y se han propuesto ser «el padre perfecto», hay quienes en cambio intentan suplir sus carencias con regalos y actividad, hay quienes no pueden quedarse en este rol y se escapan al trabajo o se alienan con el teléfono, hay quienes han descubierto su realización en la maternidad, pero viven profundos momentos de soledad.

Estoy segura de que en algún momento todos nos encontramos en esas situaciones, porque además de cuidar el cuerpo, para criar a un hijo hay que cuidar la relación, y si no estamos preparados para ser muy sinceros con nosotros mismos, rehuiremos la situación.

«No es absolutamente necesario que parezcamos perfectos a los ojos de los niños; en cambio, es necesario reconocer nuestros defectos y aceptar pacientemente sus observaciones correctas»,[15] escribió Maria Montessori. Ante todo, por lo tanto, os invito a aceptar vuestros límites y a amaros a vosotros mismos por lo que sois: los padres pensados y queridos para vuestro hijo. Si comenzamos a perdonarnos a nosotros mismos y a aceptar

---

15. M. Montessori, *Il bambino in famiglia*, op. cit., p. 116.

que a veces nos cuesta mantenernos en la relación, podremos efectivamente comenzar a trabajar en ese tiempo vacío pero lleno de ideas para involucrarnos.

Estar con el niño a través del juego

Si observamos a un niño de 3 años nos damos cuenta de que en el entorno que sea, intentará coger los objetos que encuentre para poder tocarlos y estudiarlos, y después te preguntará: «¿Qué es? ¿Para qué sirve? ¿Por qué?». Esto sucede porque su mente, para formarse, lo invita a absorber todo lo que percibe a través de sus sentidos para poder encarnarlo, para que el conocimiento se construya a través de la experiencia.

El juego es obra del niño y a través de él puede evolucionar y construir gradualmente su personalidad: «El niño está dirigido por un poder misterioso, maravallosamente grande, que poco a poco va encarnando; así se hace hombre, y se hace hombre a través de sus manos, a través de su experiencia: primero a través del juego y luego a través del trabajo».[16] Maria Montessori se había adelantado cien años a los estudios de neurociencia de hoy en día, que confirman que los niños de esta edad usan inconscientemente unas células neuronales particulares llamadas «neuronas esponja» que nos permiten absorber comportamientos, acciones, pero también estados de ánimo de otra persona y hacerlos nuestros. Al respecto, Daniel J. Siegel, profesor de Psiquiatría, escribe: «Los científicos lo llaman "contagio emocional": los estados internos de los demás –de la alegría a la tristeza y de la alegría a la tristeza y el miedo– influyen directamente en nuestro estado mental. "Absorbemos" a los demás en nuestro mundo interior».[17] Es posible que notes esa habilidad especial del cerebro, tan predominante en los niños de esta edad, cuando nuestro estado de ánimo parece influir en ellos sin quererlo: así escuchamos a los abuelos repetir «¡Estás nerviosa, el niño lo nota!». ¡Cuánta verdad hay detrás de esta afirmación!

16. M. Montessori, *La mente del banbino*, I saggi del Corriere della Sera, Milán 2018, p. 35.

17. D. J. Siegel, T. Payne Bryson, *12 strategie rivoluzionarie per favorire lo sviluppo mentale del bambino*, Raffaello Cortina, Milán, 2012, p. 135.

Los niños canalizan nuestras emociones, son extremadamente empáticos con nosotros y reflejan alegría, esperanza, asombro, miedo, ira e incluso ansiedad. En unos segundos y gracias a la unión de nuestro «yo» podemos cambiar el curso de una mañana o del día entero. Con esto no quiero invitarte a «simular» o hacer que el niño no perciba cómo eres, pero es importante que seas consciente de esta predisposición natural, para que puedas comprender algunas reacciones de tus hijos ante tu mal humor y al mismo tiempo hacer de ello un punto de fuerza: jugar juntos asume así un papel fundamental en la relación con vuestros hijos, en ninguna otra edad podríamos grabar en su memoria momentos de felicidad, comprensión, alegría y presencia con la misma facilidad. Éste es el momento perfecto para hacer conexiones genuinas.

★ Deja que el niño te guíe en el juego

Déjate guiar en el juego por el niño. No es necesario que a partir de mañana te conviertas en la compañera de juegos ideal para la casa de muñecas o que te entusiasme la idea de buscar dinosaurios por la casa: el niño se daría cuenta inmediatamente de que finges, es un científico atento cuando se trata de encontrar falsedades y desinterés. Empieza a «dejarte llevar»: siempre recomiendo empezar con juegos físicos que a esta edad despiertan diversión y grandes risas, permitiendo a los padres desinhibir su rigidez. Un juego de escondite, el avión en la alfombra, usar el cuerpo del niño para preparar una pizza o la lucha libre son todas actividades que dejan fluir las energías sin tener que concentrarse demasiado en la idea de «tener que jugar».

Los juegos corporales nos permiten utilizar todos los sentidos a la vez y deconstruir por completo las actividades. Durante el escondite, papá puede convertirse en un monstruo que devora zanahorias y que obliga a todos los niños a comerlas; mientras jugamos a la máquina de los besos (el niño puede introducir la ficha en la máquina-madre, que inmediatamente empezará a cubrirlo de besos) la madre puede transformarse repentinamente en la máquina de las cosquillas; subirnos a la espalda de papá nos puede llevar a hacer carreras de caballos o al mundo de los gigantes… y así sucesivamente. Deja volar tu imaginación, ¡disfrútalo de verdad! Sólo así tu cerebro también será capaz de recordar continuamente sensaciones de bienestar y día tras día se nos ocurrirá hacer las más dispares propuestas (¿Construimos un avión de cartón?, ¿quieres sentarte en la manta mientras yo te arrastro por toda la casa?, ¿bailamos juntos en el salón?) y finalmente dejarnos guiar en el juego por el niño. Es precisamente aquí donde la relación comenzará a fluir, porque él sentirá que confías en él, que disfrutas de estar con él y que el tiempo que pasáis juntos es valioso: si le dejas las riendas del juego te sorprenderá descubrir cuántas oportunidades hay más allá de tu imaginación, qué bueno es jugando e inventando nuevas formas de estar juntos.

A la caza de la alegría

En un libro extraordinario, Manitonquat, guía espiritual, docente y formador en temas de paz y no violencia, escribió: «Jugar fortalece el vínculo entre nosotros y ellos y también puede ayudar a sanarlo en caso de que se desgaste o se rompa. No es fácil para nosotros los adultos, pero es quizá la habilidad más importante que se debe desarrollar al cuidar a un niño».[18] Es difícil encontrar la alegría de jugar en nuestros días, estamos tan ocupados arreglando la casa, comprando a tiempo, siendo eficientes en el trabajo, que el juego no encuentra espacio, y con él la alegría. Pero es un ingrediente fundamental en nuestras tardes lúgubres o en nuestros días agotadores. Si hueles que la alegría tarda en llegar, permítete un momento de reflexión: «¿Estoy demasiado cansado? ¿Por qué me siguen llamando las cosas pendientes y no puedo concentrarme en mi hijo?».

Por lo general, cuando me encuentro en esta situación, prefiero un cambio de ambiente y me llevo a todo el mundo a jugar afuera: si el ambiente es importante para los niños.[18] Una cocina sucia o una habitación desordenada a menudo le hablan a nuestro subconsciente como un material agradable a el niño, con la diferencia de que nuestra llamada interior es la del «deber», es decir, la de sentirnos obligados a proveer para las nece-

---

18. Manitonquat, *Crescere insieme nella gioia*, Il leone verde, Turín, 2014, p. 81.

sidades de la casa o del trabajo. Si esta llamada es demasiado fuerte no nos permite dejarnos llevar por el juego, nuestra mente queda irremediablemente anclada en las cosas por hacer: o logramos posponer las cosas que ocupan nuestra mente para dedicarnos a nuestro hijo, o mejor dejamos todo tal como está (incluida la ropa y el agua en el suelo de la cocina) y salimos.

Ese «afuera» nos permite respirar y reelaborarlo todo. Incluso en pleno invierno el aire fresco ayuda a calmar los pensamientos y a tener una mirada más clara de la situación. En este período histórico puede ocurrir que nos sintamos agobiados por los pensamientos y que nos cueste salir de nosotros mismos. Ese «afuera» es un gran aliado porque nos permite salir de nuestra zona de confort y dedicarnos de manera más activa y vigilante a nuestros hijos.

Pequeños exploradores en la naturaleza

En esta franja de edad, creo que no hay actividad más entrañable que un paseo por la naturaleza donde, como escribió Maria Montessori, «se revela su fuerza». Si les das la oportunidad, tus hijos resultarán ser grandes caminantes, tienen piernas y ojos incansables y sabrán apreciar las horas al aire libre haga el clima que haga. ¡No es el tiempo el que está en nuestra contra, sino nuestra condición de adultos disecados la que está en contra del tiempo!

Los niños nos muestran la belleza de recoger una flor tras otra, olerla y hacer pequeños ramilletes con ellas, ven en una zanja vacía la posibilidad de zambullirse y trepar, en las grietas de la corteza de un árbol encuentran pequeños mundos que observar y cada trozo de madera que encuentran se convierte en compañero de aventuras cambiando de propósito, uso y nombre según la ocasión. En poco tiempo podemos encontrarnos preparando una sopa de piñas y revolcándonos en el césped: la vida al aire libre encierra un mundo de juego muy útil incluso para los adultos. Una vez más, sin embargo, tenemos que seguir su ritmo, detenernos en cada charco o ante el tañido de una campana, observar un avión en el cielo y avanzar lentamente, a su ritmo.

«La sensación de naturaleza crece con el ejercicio como todo lo demás; y ciertamente no lo transfundimos con alguna descripción pedante o exhortación hecha frente a un niño inerte y aburrido encerrado entre paredes»,[19] escribió Maria Montessori. En este caso, el esfuerzo que debe hacer el adulto es encontrar el equipamiento adecuado y vestir al niño de manera conveniente para estar al aire libre, no podemos limitar continuamente la actividad por miedo a que se ensucien o se mojen por completo en invierno.

---

19. M. Montessori, *Il bambino in famiglia, op. cit.*, p. 86.

Si lo consideras oportuno, selecciona ropa que el niño pueda ensuciar o estropear; en el mercado existen diversas prendas de exterior que el niño puede ponerse por sí mismo para estar perfectamente cubierto y protegido en cada estación (se puede colgar un gancho fuera de la puerta de casa, si se tiene la posibilidad, con el mono o chaqueta y un par de botines según la temporada) y disfrutar tranquilamente del clima incluso en un día lluvioso.

Recuerda que tus hijos perciben tus sensaciones aunque no se las comuniques verbalmente, enseguida aprenderán a percibir tu malestar mientras corren bajo la lluvia y tú te quedas con los brazos cruzados bajo el paraguas.

Para ellos, los padres son el espejo de lo que es seguro hacer, buscan un sentido de aprobación en nuestra mirada, confían en nuestras impresiones: «Los niños, que son buenos observadores, se compadecen de sus padres y los complacen para alegrarlos».[20] Si cada vez que se tira a un charco o juega con las manos en la tierra le muestras un sentimiento de desaprobación, repugnancia o alarma, el niño poco a poco dejará aproximarse a esa experiencia, por ti reprimirá su tendencia, porque confía en ti y pone todo su amor en ti.

Muchas familias ahora viven en la ciudad y en algunas áreas la vegetación se limita al jardín o al parque del vecindario. Si podéis llegar a campos

---

20. M. Montessori, *Il bambino in famiglia*, op. cit., p. 93.

o parques con facilidad, o reservar un día del fin de semana para realizar excursiones a destinos naturales, estoy segura de que se beneficiará toda la familia.

De hecho, la naturaleza permite a todos los miembros del núcleo familiar encontrar pasatiempos y momentos de serenidad sin tener que comprometerse demasiado en la creación de actividades lúdicas: el entorno en este caso es realmente el «maestro», dispuesto a desarrollar todos los sentidos y al mismo tiempo atraer el interés del niño, ya que todo lo que ve (piedras, tierra, hojas, flores…) es inmensamente bello y sugerente. Basta con encender una pequeña hoguera para ver cómo todos los niños se arremolinan, o acercarse a un riachuelo para escuchar en segundos «¿Puedo bañarme?». ¡Hagámonos aliados de esas experiencias! No tengamos una actitud de superioridad, más bien tratemos de complacer sus deseos para poder realizarlos juntos. Preparar un fuego es una experiencia maravillosa si

se respetan unas reglas básicas, esbózalas en conjunto a través de las preguntas: ¿qué necesitamos para hacer un fuego? ¿Dónde lo hacemos? ¿Qué distancia debemos mantener de la llama? ¿Cómo lo apagamos?

El mismo procedimiento puede aplicarse a muchas otras actividades, como construir una cabaña de madera o trepar a un árbol: ayudémosles a hacerlo ellos mismos actuando como compañeros de juego e intentando apoyar sus propuestas. No olvides aun en estas ocasiones alabar los momentos de aburrimiento, estar sobre una manta tomando un refrigerio o mirando al cielo, tener largos ratos en los que no hacemos absolutamente nada, con la cara al Sol y los ojos entrecerrados, simplemente juntos, simplemente en un «nosotros».

Para recordar

★ Tus necesidades son diferentes a las de tu hijo.
★ El niño debe poder moverse libremente por toda la casa.
★ Escucha al maestro interior de tu hijo: ¡él te mostrará el camino!
★ Permite que el niño reconozca y se acomode a sus necesidades fisiológicas.
★ Jugar juntos fortalece la relación y cambia positivamente la forma en que nos relacionamos con los niños.
★ Sigue su ritmo, permítete momentos de absoluta nada.

Testimonio
de una familia

Caterina, madre que utiliza el método Montessori en la familia

En nuestra familia, el método Montessori ha traído consigo una especie de «revolución doméstica».

En primer lugar, ha cambiado el entorno, que hemos adaptado a los tamaños y capacidades de nuestros hijos: cuando se cepillan los dientes o se lavan las manos, cuando comen o tienen que secar el agua que ha caído al suelo, pueden hacerlo con total autonomía. Cocinar con ellos se ha convertido en un placer al proporcionarles sillas a las que pueden subirse y de las que pueden bajarse, un taburete con el que pueden llegar a la encimera y utensilios proporcionados a sus manos. Cortan, rebanan, conocen el procedimiento para preparar un risotto y, sobre todo, enriquecen su léxico. Les encanta cargar la lavadora, poner la ropa en la secadora o tenderla, por lo que muchas veces les dejamos este trabajo a ellos. Por supuesto, no siempre todo sale a la perfección, ¡pero vale la pena correr el riesgo! También los juegos están a su disposición, a la vista, siempre en el mismo lugar, pero cambiando periódicamente según sus intereses.

Así, los niños realizan elecciones independientes, y ordenar es mucho más fácil y rápido tanto para nosotros como para ellos; tampoco sufrimos la ansiedad de que alguien se haga daño.

Por último, los tiempos también han cambiado: se ha eliminado la prisa siempre que ha sido posible para dar paso a sus lentos intentos, a sus ganas de poder hacerlo ellos mismos y a la alegría de haber conseguido ponerse solos los zapatos: a veces se los ponen al revés, ¡pero entones les damos tiempo y se dan cuenta poco después!

La mayor revolución, sin embargo, fue la de nosotros los adultos, de nuestro rol. Se nos ha revelado esa falsa idea de conveniencia que nos llevó a tomar el lugar de los niños y reprimirlos hasta la médula. Así que hemos aprendido a observar sus habilidades, sus intereses, hemos aprendido a confiar en ellos, a otorgarles un componente de riesgo que les permita expresar su potencial y aprender con satisfacción y placer.

4 La relación padre-hijo

Silvia Sapori Tirelli

l tema más querido para mí en la pedagogía montessoriana se refiere precisamente al proceso de formación y maduración mental que debe hacer el adulto para mejorar, progresar y finalmente poder ver al niño. No basta con tener un nuevo punto de vista, no basta con arreglar los muebles y comprar los libros adecuados. De poco valdría todo nuestro ajetreo si antes que nada no comprendiésemos que es necesario un profundo trabajo interior para acoger el espíritu de nuestros hijos. Sucede que muchos padres se engañan a sí mismos pensando que los métodos educativos recibidos en la infancia son básicamente aceptables: ¡una bofetada nunca mató a nadie! ¡La única manera de lograr que un niño escuche es gritándole y castigándolo! Finalmente, me convertí en un adulto respetuoso y responsable, y así sucesivamente...

La autoeducación del adulto

De hecho, si nos tomáramos el tiempo de mirar dentro de nosotros mismos, probablemente veríamos tramos de nuestra infancia en los que nos sentimos incomprendidos, algunos de nosotros incluso solos.

No quiero señalar a generaciones pasadas, estoy segura de que nuestros padres hicieron lo mejor que pudieron basándose en sus herramientas, su historia y la educación que a su vez recibieron, pero, queridos lectores, el instinto primario del hombre ¿no es precisamente la evolución? ¿Por qué nos sentimos llamados a «hacerlo mejor» en las ciencias, las artes y la filosofía y en cambio nos conformamos con el papel de padres? Sencillamente porque, a diferencia de los adultos, el niño contiene el tesoro más preciado de todos: la compasión, y gracias a esta virtud los padres tienden a sentirse satisfechos, correctos, casi heroicos. Maria Montessori escribió: «El niño lo soporta todo».[1] De hecho, desde el momento en que es concebido se adapta a cada lugar, a cada familia, a cada situación económico-social en la que se encuentra, por el instinto natural de adaptación busca

---

1. M. Montessori, *La mente del bambino*, I saggi del Corriere della Sera, Milán, 2018, p. 308.

> **El niño lleva en sí mismo la obra de un creador mucho mayor que la del maestro, el padre, la madre; y, sin embargo, debe someterse.**
>
> *María Montessori,*
> *La mente del bambino*

lo bueno en todo y se hace suyo el entorno, tratando incesantemente de sentirse parte de esta nueva humanidad.

Hay un obstáculo que el niño debe superar para desarrollarse de acuerdo con la naturaleza, y ese obstáculo somos nosotros: nuestro trabajo debe ser ayudar a construir el espíritu del niño, pero a menudo nos encontramos demoliéndolo sin saberlo.

Pensamos que para educar es necesario que el niño se someta y nos obedezca, pero esta acción nos vuelve contra nosotros mismos, el orgullo nos atrapa en un sentido de superioridad que, en lugar de hacernos sentir libres en la relación con nuestros hijos, nos eleva sobre una torre de prejuicios desde la que ya no podemos ver a nuestro hijo y a veces ni siquiera a nosotros mismos.

No creo que debamos ponernos el objetivo de convertirnos en el padre o la madre que deseábamos tener en nuestra infancia, porque al hacerlo renunciaríamos a aceptar a nuestro hijo como un ser único e irrepetible: en lugar de aceptarlo como un regalo, nos apropiaríamos indebidamente de él tratando de moldear la relación de acuerdo a nuestros gustos y nuestros deseos.

El esfuerzo que requiere de nosotros ser padres es precisamente el de salir de nosotros mismos, perdiendo la vida en el sentido más noble, es decir, renunciando voluntariamente a querer encaminar la vida del hijo según nuestros esquemas y deseos. «Una llamada a volverse pequeño», escribe Maria Montessori, porque el humilde acepta dejarse guiar por caminos que no conoce, por caminos aún desconocidos, confiando en que el otro estará a su lado pase lo que pase. ¿Estamos listos para dejar que el niño nos guíe? No podemos dictar reglas para ser buenos padres, pero podemos trazar un horizonte de valores y caminos educativos en los que nos inspiramos y que sentimos que pertenecemos a ellos, siendo conscientes de que ser padres es un camino de toda la vida.

No trates de escapar de los fracasos, éstos serán el empujón para mejorar. El error nos ayuda a buscar nuevos caminos, a usar la imaginación y descubrir nuevos lados de nosotros mismos para introducirnos en la relación.

Es importante cuidar nuestro espíritu, según las creencias (religiosas, culturales, éticas, etc.) de cada familia: buscamos momentos para cuidar nuestro espíritu y nuestra psique individualmente, en pareja y con los hijos porque es esencial recordar que nuestras acciones deben ser el resultado de elecciones compartidas y, por lo tanto, debemos continuar reflexionando a medida que avanza el viaje. El diálogo con la pareja es, por tanto, una herramienta predilecta en la vida matrimonial para que nuestras acciones sean siempre claras: a los niños no les gustan las incoherencias, les crean confusión.

Puede ocurrir que haya momentos de desacuerdo entre los adultos, pero siempre es bueno demostrarles que la reconciliación puede darse después del conflicto, que los padres están humanamente equivocados, pero que es posible remediar y buscar soluciones juntos. No estéis ávidos de abrazos y besos, no tengáis miedo de amar demasiado, no os dejéis engañar por el coco de la disciplina, sed rayos de luz en los días sombríos. Pero, sobre todo, perdonaos unos a otros: sólo así puede empezar el cambio.

Compartir una relación auténtica

En los últimos años, se han escrito muchos libros que brindan a los padres las herramientas para comprender la mente del niño y la manera más efectiva de comunicarse. La comunicación es la base del desarrollo de la humanidad, sólo comunicándonos y comprendiéndonos hemos podido organizarnos y evolucionar, pero aún hoy sigue siendo uno de los pilares sobre los que se asientan las relaciones.

Para que la comunicación sea efectiva, el emisor y el receptor deben compartir un código común y la capacidad de comprender el mensaje, pero, aunque respetemos este sistema de comunicación, a veces nos sentimos incomprendidos o no escuchados. Podemos verlo en nuestros hogares, donde muchas veces hablamos, gritamos y repetimos hasta soltar palabras que parecen caer en oídos sordos. Una de las quejas más frecuentes de los padres es precisamente: ¡no me escucha!

Antes de identificar estrategias efectivas para comunicarnos con nuestros hijos, es necesario tener algunas nociones básicas sobre el cerebro y su funcionamiento en este grupo de edad.

Una de las primeras características a tener en cuenta es la plasticidad del cerebro: el cerebro se va moldeando a lo largo de la vida gracias a las experiencias directas o indirectas que tengamos, porque las neuronas pueden formar y modificar conexiones (sinapsis) hasta la vejez. Lo que caracteriza a nuestro cerebro no es sólo la genética y el temperamento innato, sino sobre todo los estímulos que recibimos del entorno y de las personas con las que nos relacionamos (especialmente los padres).

> Junto al nuevo niño, el adulto que se comunica con él, es decir, el maestro, ha tomado también una orientación completamente nueva: ya no es el adulto poderoso, ahora es el adulto humilde y convertido en servidor de la vida nueva.
>
> Maria Montessori, *Il bambino in famiglia*

El cerebro está formado por dos hemisferios, el derecho (emociones, creatividad y señales no verbales) y el izquierdo (parte lógico-racional, lenguaje verbal); éstos a su vez se dividen en cuatro lóbulos, cada uno de los cuales se encarga de funciones específicas. El desarrollo óptimo del cerebro se produce cuando estas partes trabajan en sinergia, creando conexiones entre ellas: «Éste es precisamente el objetivo que se persigue con nuestros hijos: ayudarlos y lograr un mayor grado de integración cerebral, para que puedan explotar al máximo sus recursos mentales».[2]

---

2. D. J. Siegel, T. Payne Bryson, *12 strategie rivoluzionarie per favorire lo sviluppo mentale del bambino*, Raffaello Cortina, Milán, 2012, p. 19.

Hasta la edad escolar, el número de conexiones sinápticas sigue siendo alto y es precisamente la falta de procesos de integración entre las distintas partes del cerebro lo que hace que nuestros hijos sean tan «incomprensibles» para nosotros: nuestra tarea es tomar nota de la diversidad cerebral que existe entre ellos y nosotros y esperar con paciencia su completo desarrollo sabiendo que pode-

mos jugar un papel decisivo en su proceso de maduración cerebral: «Los nuevos descubrimientos en el campo de la neuroplasticidad avalan el concepto según el cual los padres pueden influir directamente en el proceso del desarrollo del cerebro del niño a través del tipo de experiencias que le ofrecen.[3]

Para comprender mejor este proceso podemos poner un ejemplo: cuando nuestro hijo se enfada porque se le ha caído el helado, las emociones se apoderan de él, quizá la decepción lo lleva a gritar y a llorar desesperadamente. En este caso, el niño está utilizando principalmente el hemisferio derecho, el padre o la madre puede conectarse empáticamente con su estado estableciendo un contacto emocional con él: «Entiendo que estés muy enfadado, ese helado era delicioso y ahora ya no puedes comértelo»; sólo así podremos hacerle razonar y así poner en relación su hemisferio derecho con el izquierdo de la racionalidad: «Ahora podemos limpiar el suelo juntos y encontrar buscar otra cosa para merendar. ¿Tienes alguna propuesta?». Entender que nuestra forma de afrontar la vida cotidiana es fisiológicamente diferente de la de nuestro hijo puede ayudarnos a comunicarnos con él de manera eficaz.

---

3. D. J. Siegel, T. Payne Bryson, *12 strategie rivoluzionarie per favorire lo sviluppo mentale del bambino*, Raffaello Cortina, Milán 2012, p. 18.

La comunicación no violenta

En el abanico de profesionales que se ocupan de la comunicación colaborativa, un aporte fundamental y de fácil aplicación a nivel familiar es el de Marshall B. Rosenberg, psicólogo estadounidense que ha dedicado su vida a crear nuevas formas de comunicación capaces de brindar alternativas válidas a la violencia. Este enfoque hace posible pasar de una comunicación basada en juicios sobre los comportamientos de los niños a un lenguaje basado en las necesidades. La invitación es a pensar en los niños como personas, para acogerlos sin prejuicios, y entrenar nuestra capacidad de percibir su estado de ánimo y así crear conexiones auténticas. La empatía debe convertirse en la base de la relación. De hecho, cuando estamos enfermos lo primero que buscamos es comprensión para nuestro dolor: tener a alguien que nos escuche y acoja nuestro sufrimiento es una oportunidad altamente terapéutica.

En cambio, cuando un niño llora o se lastima tratamos instintivamente de interrumpir su malestar y esto, además de negar la emoción que está sintiendo, socava la conciencia de poder confiar en nosotros: «Dile a un niño que se siente mal: "No es nada" y lo confundirás, porque su impresión es negada mientras que lo que él quiere es que nosotros la confirmemos. Nuestra participación, en cambio, le da valor para recoger otras experiencias y, al mismo tiempo, le muestra cómo uno debe corresponder a los dolores de los demás».[4]

En cambio, empatizar con lo que le está pasando (por ejemplo, «¿Te duele mucho?», «Veo que te quejas, debe de ser muy doloroso»…) nos permite crear una conexión emocional, nombrar la emoción (y por lo tanto permitir que el niño la identifique y la reconozca) y luego ofrecer una solución o buscarla juntos.

Por lo general, tenemos dificultades para comunicarnos con nuestros hijos cuando su comportamiento entra en conflicto con nuestras necesidades. Es necesario subrayar que todas las reacciones instintivas que nos

---

4. M. Montessori, *Il bambino in famiglia*, I saggi del Corriere della Sera, Milán, 2018, p. 114.

suscitan las situaciones de conflicto se desencadenan mecánicamente porque nuestro estilo educativo ya está presente en nosotros incluso antes de convertirnos en padres. La manera en que crecimos fue aprendida por nuestro cerebro como un «modelo» al que adherirse una vez que seamos padres, y para liberarnos de ciertos patrones necesitamos un largo tra-

bajo interior, pero sobre todo mucha paciencia con nosotros mismos y tiempo para ir convergiendo en una nueva dirección: «Como trataba de cambiar mi forma de comunicarme, tardé mucho en expresarme de la manera que había elegido, de la forma que se me había hecho habitual. Así que tuve que parar, respirar hondo y pensar en cómo podría conectarme mejor con mis necesidades y las de él».[5]

Según Rosenberg, el primer paso para cambiar nuestra manera habitual de comunicarnos es eliminar el concepto de «exigencia»: con demasiada frecuencia les hablamos a nuestros hijos porque queremos que hagan algo, pero no les pedimos ese algo, se lo exigimos. En realidad, el niño debe ser libre de responder a nuestra petición expresando a su vez sus sentimientos. Parece trivial, pero es un cambio radical en la relación: pedir expresando las propias necesidades en lugar de exigir cosas es el primer paso para que las necesidades de todos queden satisfechas.

---

5. M. B. Rosenberg, *Crescere i bambini con la comunicazione nonviolenta*, Esserci edizioni, Reggio Emilia, 2018, p. 23.

> Suele pasar que el niño no es violento en sus reacciones; y sería mejor que lo fuera, ya que el niño con rabietas encuentra la manera de defenderse y puede lograr un desarrollo normal, pero cuando responde cambiando su carácter o tomando el camino de la anormalidad, toda su vida se ve afectada por ello.
>
> Maria Montessori, *La mente del bambino*

Al igual que Maria Montessori, Rosenberg también enfatiza el instinto natural de proteger la propia autonomía: cuando obligamos a un niño a hacer las cosas solo de acuerdo con nuestro punto de vista e invadiendo su libertad de acción, se nos opondrá de manera natural. Es aquí donde surgen todas aquellas manifestaciones de la infancia que siempre han sido incorporadas en un solo término: rabietas.

Sería mucho más sencillo pensar que un niño que llora y se retuerce lo hace por puro egoísmo o porque es un malcriado. Situarnos al lado de un niño presa de sus emociones y esperar pacientemente a que se calme nos empuja a analizar la situación y tomar conciencia de nuestros errores, pero sobre todo nos advierte contra los juicios. Las situaciones no siempre se pueden prevenir, pero, en la mayoría de los casos, un ambiente preparado y un estilo de vida que responda a las necesidades del niño evitan estas manifestaciones explosivas: no son más que una manera de comunicar identificada por nuestro hijo (recordemos que la comunicación humana hace uso de alrededor del 55 % del lenguaje no verbal, es decir, el del cuerpo) para expresar una inquietud o necesidad no expresada.

Es humano sentirse impaciente, incómodo o enfadado con un niño que grita, y tenemos que ser muy amables con nosotros mismos para reeducarnos para estar en esa situación sin impacientarnos o enfadarnos. Personalmente creo que es importante encontrar tu propio camino para poder permanecer en estos momentos sin ceder ante la «peor» parte de nosotros. Algunos padres necesitan separarse por un momento, salir y respirar aire fresco y luego regresar, otros necesitan tiempo para poder encontrar las palabras correctas, otros no pueden quedarse al lado de un niño que grita y necesitan ayuda para tener éxito. En estos momentos reflexiono sobre por qué me siento tan molesta por el llanto (o por otras manifestaciones) y descubro que algunos comportamientos recuerdan hechos de mi infancia que me afectaban: ciertas heridas sangran, aunque no las recordemos, e influyen en nuestro hoy de forma inesperada, si son demasiado dolorosas debemos encontrar el coraje para buscar ayuda.

Por último, me gustaría recordarte que el niño de 3 a 6 años trabaja incesantemente en el perfeccionamiento de su lenguaje: es un trabajo «milagroso» que la mente del niño comienza y completa con total autonomía, necesitando únicamente escuchar y relacionarse con las personas para dominar su idioma. Su maestro interior lo dirige hacia los adultos, que muchas veces «hablan entre ellos y no se dirigen a él, y lo empuja a dominar el idioma con esa precisión que nosotros no le ofrecemos»: también en este caso debemos ser de ayuda al niño[6] y no un obstáculo.

Por eso, además de la escucha empática, es importante recordar mirar a los ojos a nuestro hijo cuando hablamos. Estamos acostumbrados a gritar «instrucciones» de una habitación a otra o dirigirnos a ellos mientras nos movemos por la casa. Cuando nos comunicamos con ellos o los escuchamos debemos estar siempre cerca, preferentemente mirándolos a la cara; de esta forma sentirán que tienen toda nuestra atención y al mismo tiempo podremos comprobar directamente que han entendido lo que queremos decirles.

También es importante entrenarse para mantener un tono tranquilo, correcto (utilizando la sintaxis y la gramática y no palabras o sonidos como «brum-brum»), claro y directo (sin disfrazar las explicaciones y peticiones que quieres aportar, siendo sencillo y exhaustivo): «Ayudando al niño nos convertimos en servidores y colaboradores de la naturaleza que crea, de la naturaleza que enseña y encontraremos todo un método ya trazado para nosotros».[7]

---

6. M. Montessori, *La mente del bambino*, op. cit., p. 141.

7. *Ibid.*

Las alternativas a las recompensas y los castigos

En nuestra época, es costumbre pensar que un niño que disfruta de cierta libertad es necesariamente más propenso a la mala educación. La idea de que una educación hecha de premios, castigos, limitaciones y decisiones de arriba hacia abajo por parte del adulto es la forma más efectiva de criar niños obedientes y disciplinados está tan arraigada en nosotros que nos cuesta confiar en el niño al que se le da libertad a la que por naturaleza tiene derecho desde su nacimiento.

En primer lugar, la cuestión encuentra su fundamento en el sentido que le atribuimos al término «libre», que muchas veces denota un sentido negativo, como si un ser humano libre fuera una persona no proclive a las reglas, que con su comportamiento obstaculiza y limita al del otro ciudadano libre; en cambio, es aquel que puede gozar de su propia autodeterminación, que se conoce profundamente a sí mismo y sabe cómo regularse en las situaciones. Este individuo no necesita indicaciones sobre cómo actuar correctamente, sino que ha interiorizado la «regla», porque se beneficia de ella y reconoce sus efectos positivos. Del mismo modo, huye del mal y de lo que produce efectos nocivos no sólo para sí mismo, sino también para los demás y para el entorno: un niño libre sabe reconocer los frutos de sus propias acciones y sigue esa inclinación natural hacia el bien que lo lleva a construir el hombre del mañana con dedicación.

Maria Montessori escribió que los padres «se engañan a sí mismos» al pensar que son los artífices del progreso de sus hijos, pero en lugar de ser una ayuda para la vida, se convierten en el obstáculo que impide que la naturaleza les permita desarrollarse en todo su potencial: «Es la naturaleza, es la creación la que contiene todas esas cosas. Si nos convencemos de esto, surge como principio la necesidad de no poner trabas al desarrollo natural; y en lugar de tantos problemas separados –cuál sería la ayuda para desarrollar el carácter, la inteligencia y los sentimientos–, aparecería un solo problema como base de toda educación: ¿cómo dejar libre al niño?[8]

---

8. M. Montessori, *L'autoeducazione*, I saggi del Corriere della Sera, Milán, 2018, p. 27

Podemos derivar estas palabras en dos preguntas:

⋆ ¿Cómo puedo ayudarte sin obstaculizar tu libertad?
⋆ ¿Cómo puedo dejar fluir este maravilloso proyecto del que me haces parte de cada día?

Este nuevo paradigma nos permite relevarnos de la responsabilidad de que todo depende de nosotros, pero, al mismo tiempo, nos obliga a reflexionar sobre los modos que utilizamos en la relación con el niño: ser de ayuda a la vida significa ante todo no sustituir al niño, sino simplemente hacer que las acciones que nuestros hijos deseen realizar encuentren un entorno preparado y un adulto disponible. Debemos despojarnos de todas esas reacciones espontáneas que nos acompañan desde nuestra infancia, de todos esos «noes» que salen sin haber evaluado bien la situación (¡No! ¡Ya no se puede pintar!), de todos los chantajes morales que subyacen a nuestras peticiones (Si lo haces, mamá es feliz), de todos los premios y castigos con los que hacemos las cosas que nos gustaría que hicieran (Si terminas de comer las verduras, entonces puedes comer el postre. Ordena la habitación y puedes ver los dibujos), de las prisiones del deber y de la responsabilidad que encadena y arrasa la espontaneidad (Ahora ponte el pijama, luego arréglate, corre a cenar, lávate los dientes, es hora de dormir…). Además del cuidado del cuerpo, debemos recordar que ante todo hay un cuidado del espíritu al que debemos dedicarnos con entrega y amor: «Pero el niño no es simplemente un pequeño animal al que hay que alimentar; desde que nace es una criatura que tiene alma, y si hemos de cuidar su bien, no basta con satisfacer las necesidades materiales: debemos abrir camino al desarrollo espiritual, debemos, desde el primer día, respetar los movimientos de su alma y saber apoyarlos».[9]

> **En vez de reprimir la actividad del niño, hay que darle los medios para que la desarrolle.**
> *Maria Montessori, Il bambino in famiglia*

Debemos abstenernos de ejercer control y al mismo tiempo debemos cuidar la relación para que el niño pueda percibir la importancia que le damos a su sentir antes que a su ser: abstenerse de castigos, recompensas, amenazas y castigos físicos nos obliga a buscar alternativas educativas, mirar dentro de nosotros mismos para fijar los aspectos más queridos de la relación y trabajarlos día tras día, teniendo igual paciencia con nosotros mismos y con nuestros límites.

El uso de refuerzos a largo plazo

Maria Montessori apuntaba: «En estos casos los padres tratan de resolver la difícil situación recurriendo a la autoridad: obligan a sus hijos a obedecer, dándose aires de perfectos. Habiendo obtenido esta victoria, la validan ordenando a los niños que guarden silencio, ¡y así se aseguran la "paz"! Pero, al mismo tiempo, los niños pierden la confianza en sus padres y pierden toda espontaneidad y confianza en sus relaciones con ellos».[10]

9. M. Montessori, *Il bambino in famiglia*, op. cit., p. 100.
10. *Ibid*. pp. 95-96.

La investigación ahora nos confirma que todos los actos que dañan directamente al niño no tienen efectos beneficiosos a largo plazo y, a veces, ni siquiera a corto plazo. Puede parecernos que el castigo o la recompensa acaban inmediatamente con una determinada conducta, pero en realidad crean en el niño la idea de que su acción depende de los refuerzos que le den los adultos: si me porto bien recibiré una recompensa, de lo contrario recibiré un castigo.

Aunque para muchos esta acción educativa se considera normal y aceptable, los efectos de los refuerzos se pueden observar en nosotros mismos y en nuestra sociedad. ¿Cuántos de nosotros nos ponemos el cinturón de seguridad en el coche por una verdadera sensación de seguridad y no por miedo a incurrir en una multa? ¿Cuántos de nosotros hemos estudiado para sacar buenas notas y no por el bien del conocimiento? ¿O cuántas veces declinamos las solicitudes y observaciones de nuestros superiores, sabiendo que tenemos razón, por temor a una advertencia? ¿Cuántas veces hemos sucumbido a ciertos comportamientos sólo por miedo? Pretender obtener la obediencia ciega a través de métodos coerci-

tivos es cometer un error. Si funcionara, no tendríamos que retroceder con tanta frecuencia y podríamos observar una sociedad dedicada a la búsqueda del bien de los demás mientras que, en cambio, las guerras, el crimen, la búsqueda del poder y la opresión regulan la vida de nuestro planeta.

Parecerá exagerado creer que el destino de poblaciones enteras podría cambiar gracias a un estilo educativo diferente, pero éste es precisamente el mensaje revolucionario que encontramos en los escritos de Maria Montessori: educar para un mundo nuevo.

El milagro al que aspira Maria Montessori es algo que cambiaría profundamente nuestra sociedad: permitir al niño autorregularse, formar individuos capaces de reconocer sus propias necesidades, las de los demás, y remediarlas buscando la solución más adecuada entre las diversas opciones posibles. Es deseable que en todas las familias los niños tengan libertad para experimentar y reconocer sus necesidades fisiológicas primarias (hambre, sed, calor, frío, sueño…), no sustituyéndonos en la interpretación de las señales, sino invitando y ayudando a nuestros hijos a reconocer las sensaciones y a buscar soluciones (obviamente, este concepto se puede declinar sobre todos los aspectos cognitivos y motores que el niño nos manifiesta y desea experimentar). Son varios los riesgos que corremos al amenazar, castigar o dar recompensas: la sensación de impotencia, el uso de la violencia como herramienta de resolución, las dificultades de relación con los padres o con la autoridad, la negación de las propias emociones y el riesgo de desviar el foco hacia lo que otros quieren en lugar de lo que quieres tú. La mayoría de los padres recurren a estos métodos (a veces incluso utilizando la violencia física) creyéndolos necesarios para que los niños crezcan como miembros bien educados y respetados de la sociedad. Actúan por amor, seguros de que están haciendo lo mejor para sus hijos, pero lamentablemente, la literatura reciente sólo puede desmentir por completo estos enfoques, enfatizando en cambio el engaño furtivo que ha persistido desde la antigüedad: tratar de hacer el bien a través del mal.

Muchos padres buscan en el método una serie de herramientas para poder criar hijos felices, pero en realidad Maria Montessori sólo nos muestra el punto de partida por el que empezar para convertirnos en los padres que nuestros hijos necesitan: como hemos dicho reiteradamente, es necesario confiar en el niño y en sus habilidades, ser acogedores y abiertos al cambio, afinar nuestra capacidad de observación para poder cambiar el entorno y dejarnos guiar por su maestro interior. Esto no quiere decir que evitaremos el sufrimiento o que no cometeremos errores, al contrario, creo profundamente que los mayores maestros que tus hijos encontrarán en su camino son los errores y los fracasos: gracias a ellos aprenderán la resiliencia y la humildad, buscarán nuevos caminos y nuevos enfoques, aprenderán a escuchar a los demás y a no dejar pasar ningún buen consejo, se sentirán parte de una humanidad destinada a equivocarse para mejorar.

A lo que aspiro y lo que quiero compartir contigo es la posibilidad de hacerles sentir amados a pesar de todo, de ser muros sólidos en los que puedan descansar si lo necesitan y al mismo tiempo puertas abiertas de par en par hacia la independencia: «Así que dadles cariño (que lo necesitan) sin límites, sin reservas y sin excusas. No siempre nos harán felices, y lo saben bien, por eso es necesario esforzarse en transmitirles de muchas maneras diferentes que la base de nuestra aceptación hacia ellos es un hecho, una roca que resiste por mucho que se nos ocurra intentar lo contrario, y lo que se nos ocurra hacer con ellos hoy».[11] El amor incondicional a menudo se confunde con la permisividad y la falta de autoridad. En el párrafo siguiente veremos en cambio cómo el pensamiento de Maria Montessori aspira a encontrar un terreno de encuentro más que la prevaricación del adulto sobre el niño.

La mansedumbre educativa

Uno de los mayores prejuicios del pensamiento Montessori atañe a la disciplina: he dialogado en repetidas ocasiones con padres y sobre todo con profesionales del ámbito educativo convencida de que en la investigación educativa Montessori había una ligereza en cuanto a las reglas, y que la falta de rigidez por parte de los maestros correspondían automáticamente a alumnos indisciplinados y poco inclinados a la autoridad. Lo cierto es que quienes abrazan el pensamiento de Maria Montessori optan voluntariamente por abdicar de su «trono» autoritario y se ponen al servicio del alma del niño para ayudarlo a convertirse en el hombre del mañana: «En la verdadera educación, en la auténtica educación, no sólo está el niño que es educado, sino también el adulto que sufre una transformación».[12]

---

11. A. Kohn, *Amarli senza se e senza ma*, Il leone verde, Turín, 2010, p. 172.

12. M. Montessori, «Il bambino: l'eterno Messia», discurso pronunciado en Adyar en 1939, extraído de la revista teosófica *FOTA*.

Es una declaración de paz en la lucha entre adulto y niño. Es el adulto razonable el que admite la derrota por el bien de la vida, sin olvidar su papel de guía seguro que no muestra el camino, sino que, fuerte en su experiencia, lo acompaña iluminando los posibles acantilados.

Ser padres siguiendo el pensamiento Montessori no significa ser sumisos, estar a merced de las acciones del niño: por el contrario, ser un padre que pone a su hijo en el centro de su experiencia de vida significa «tener una columna vertebral», estar listo para asumir una existen-

cia, protegiéndola en caso de necesidad, y dejándola libre de elegir y equivocarse, cerrándole autoritariamente los caminos que consideramos peligrosos para su vida física o espiritual. Concretamente: no dejaremos que nuestro hijo vea la televisión durante horas, pero acordaremos un horario, una forma y supervisaremos la propuesta valorando su calidad y contenido; no le dejaremos pintar en todas las paredes de la casa, pero le indicaremos que el rotulador ha estropeado nuestra bonita pared, que habrá que limpiarla y juntos buscaremos un material más adecuado sobre el que pintar o expresarse artísticamente; no le permitiremos comer demasiados dulces, pero le reservaremos momentos en los que será posible hacerlo, quizá cocinándolos juntos y explicando claramente por qué no es posible abusar de ellos.

A medida que ganamos confianza en nuestra nueva manera de actuar, automáticamente pensaremos en cómo el entorno y la situación pueden afectar negativamente a nuestro hijo en lugar de ayudarlo.

No podemos vestir a un niño de blanco y llevarlo al campo con la expectativa de que no se ensucie. No podemos esperar que se quede en el carrito mientras vamos de compras de una tienda a otra (¡incluso dejándole el teléfono!); no es posible pasar el día en casa de una amiga donde el niño no puede tocar nada. Por otro lado, es efectivo traer una muda si se necesita que el niño esté limpio una vez terminada la visita al campo, dejándolo así libre para moverse y actuar; es posible pedir ayuda externa si necesitamos hacer compras personales, de lo contrario tendremos que reducir drásticamente el tiempo de compra; es posible pedir a nuestros amigos que almuercen con nosotros para que el niño pueda jugar libremente mientras disfrutamos de compañía.

Se sabe que en casi todas estas situaciones lo que limita nuestras elecciones parentales es el miedo constante a ser juzgados por los demás: tenemos miedo de ser juzgados como padres sin autoridad que no limitan y no reprueban lo suficiente, que no hacen que sus hijos hagan lo que se les dice.

Yo estaba en una situación difícil, con una de mis niñas en medio de emociones muy fuertes. Mientras trataba de calmarla poniéndome a su lado y hablándole en voz baja, las miradas de los adultos a mi alrededor me hicieron sentir mal, como si no pudiera contener las rabietas de mi hija. En realidad, habría sido mucho más fácil interrumpirla con gestos «fuertes», pero ¿qué habría logrado? Seguramente me habría ganado la aprobación de la audiencia, pero, al mismo tiempo, habría humillado a mi pequeña, le habría enseñado que sus emociones no se pueden aceptar, que el juicio de los demás pesa más sobre mí que el de mi hija.

Así que rodéate de adultos que acojan tu acción educativa, crea pequeñas comunidades que se reúnan en el parque para hacer un pícnic juntos y se ayuden en los momentos de dificultad: busca padres que, como tú, se hayan embarcado en esta increíble aventura de la búsqueda de la mansedumbre educativa. Manso es aquel que se inspira en la humanidad paciente y benévola, que vive su paternidad sabiendo que la única tarea verdaderamente necesaria es este acto de amor que lo empuja a salir de sus propias necesidades. Somos una sociedad adultocéntrica, que continuamente nos pide que pensemos en nosotros mismos, que llenemos nuestro ego, que ocupemos nuestro espacio.

Sin embargo, hay un momento, en el hecho de ser padres, en que esta entrega casi total nos empuja en la dirección de nuestro hijo y nuestra familia. Esto no nos convierte en «perdedores», no nos sentimos estancados en la crianza, ¡todo lo contrario! Este sentimiento nos hace libres, conscientes de que este período de alto cuidado terminará, y naturalmente dejaremos ir a nuestros hijos para recuperar la posesión de nuestros espacios, que serán nuevos e inesperados.

> Quien abraza el pensamiento de Maria Montessori elige voluntariamente abdicar de su «trono» autoritario y ponerse al servicio del alma del niño para ayudarlo a convertirse en el hombre del mañana.

Cuando nos entregamos unos a otros sentimos una paz profunda. Darnos a los demás no es lo que nos hace sentir mal, lo que realmente nos afecta es el juicio constante sobre cómo debemos ser nosotros, nuestros hijos y los demás: podemos estar oprimidos por las más terribles dificultades y aun así sentirnos felices, como lo demuestran millones de familias que, a pesar de vivir en situaciones sociales de carencia, siempre tienen una mirada de esperanza y agradecimiento a la vida. Hay que ser padres que superen los muros de la indiferencia, que venden las heridas y apoyen a los más débiles. Sé valiente y firme en este salto de fe hacia el niño.

Para recordar

* Tómate un tiempo para mirar dentro de ti y desencadenar el cambio.
* Dibujad un horizonte educativo que compartáis en pareja. Para comunicarse de manera efectiva, ten en cuenta el desarrollo cerebral de tu hijo. La empatía es la base sobre la que construir la relación.
* Es importante aprender a ayudar en la vida del niño sin sustituirlo. Rodéate de adultos que acojan tu acción educativa.

Testimonio
de un recorrido personal y profesional

Soraia dos Santos, madre, artista visual y diseñadora, especializada en el método Montessori de 3 a 6 años

Mi primer contacto con los textos de Maria Montessori fue en una librería de Milán, cuando mi prometido, ahora marido, me mostró *La scoperta del bambino*. Habíamos hablado innumerables veces del deseo de formar una familia, pero me parecían hermosas conversaciones entre dos personas atentas y enamoradas que intentaban basar la relación de pareja en comparaciones plausibles. Los años pasaron volando y de repente teníamos entre nuestros brazos a otra persona con la que podíamos compartir el día a día, los sueños, los espacios y, sobre todo, los valores que nos han transmitido nuestros padres, nuestros amigos y la sociedad en la que confiamos.

Nuestra pequeña nació en 2019, ¡capaz de concentrar todo nuestro mundo en sus 50 centímetros y poco más de 3 kilos! Necesitábamos una red de apoyo empático, empezando por la escuela a la que confiaríamos el cuidado de nuestra pequeña, desde sus primeros meses de vida, y encontramos una escuela del método en la provincia donde vivimos.

Durante la primera entrevista, nos sorprendió lo fascinante que era todo, lo accesible que era para los niños y lo ordenado, aunque rico en materiales. Guiados por la cosmicidad, la circularidad y la objetividad, llegamos a ese lugar con gran interés, sólo para quedar satisfechos con el descubrimiento de nuestras sensaciones internas.

Las crisis globales han llamado a las puertas de todos los hogares y el cambio de hábitos me ha llevado a una investigación sobre el pensamiento interseccional, el respeto a la diversidad y la acción responsable.

Impulsada a encauzar mi propósito profesional en la observación de los niños y las potencialidades de los espacios comunes, me embarqué en el curso de formación del método Montessori. Estudiar los textos, materiales y prácticas que nos brinda el legado de Maria Montessori ha hecho tangible la esperanza de que todo el esfuerzo de mi día a día como madre sea recompensado y, de alguna manera, traspasado a las comunidades.

Como profesional de las artes visuales y la planificación espacial, considero que el método brinda una perspectiva desde la cual ampliar la elaboración de materiales artísticos atentos a la individualidad de los niños y niñas.

¡Todo esto fue posible gracias a algunas personas queridas que compartieron algo valioso conmigo, para que pudiera experimentar y vivir el método con amor!

5 La educación Montessori en la escuela infantil

Roberta Raco

Hablar de escuela da la oportunidad de reflexionar sobre el hombre como individuo, sobre su desarrollo, sobre su papel, pero no sólo eso. La escuela es un lugar, un espacio físico más o menos estructurado, externo e interno. En un sentido más amplio, la escuela es una institución, un recurso, un servicio, un sistema. Es el lugar donde se construye una historia individual y colectiva, donde se recogen experiencias, epopeyas reales también vinculadas a lo que puede ser un crisol de ideas o un espacio de agregación de ideales. Maria Montessori ha querido describir este ambiente de vida y aprendizaje en muchos pasajes, algunos de los cuales son particularmente efectivos: «La escuela puede ser considerada desde dos puntos de vista: o como el lugar donde se imparte la instrucción, o como una fase de preparación para la vida. En este último caso, la escuela debe satisfacer todas las necesidades de la vida».[1] Con estas pocas líneas podríamos entenderlo todo. Discutimos periódicamente sobre cuáles deben ser los programas, orientaciones y objetivos para asegurarnos de que el modelo educativo en el que nos apoyamos sea pertinente y exhaustivo, pero no debemos olvidar que los contenidos valiosos deben tener siempre en cuenta las necesidades del hombre para vivir una existencia en la que la interdependencia con el mundo circundante es provechosa, es decir, está conectada, más allá de lo que pueden ser elecciones y caminos individuales.

La escuela de Maria Montessori le ofrece al niño el mundo entero, será entonces cada uno quien delinee el camino que quiere recorrer. A lo largo del tiempo hemos tenido que lidiar con modelos muy diferentes: la escuela dentro de las instituciones religiosas, la escuela coercitiva, la escuela de la dictadura, la escuela experiencial, la escuela activa, pública, privada, de los padres... En este panorama, la pedagogía Montessori nos ayuda a desarrollar el pensamiento crítico sobre la historia escolar a partir de un análisis científico del desarrollo del niño y de sus necesidades vitales.

---

1. M. Montessori, *Dall'infanzia all'adolescenza*, Franco Angeli, Roma, 2019, p. 33.

La escuela infantil

Las Directrices de 1991[2] redefinen el servicio escolar que atiende el rango de edad de 3 a 6 años, cambiando la redacción a «escuela infantil» en lugar de «escuela materna». Hoy la escuela infantil forma parte del sistema integrado, el primer paso del camino institucional que se inicia desde el nacimiento y llega hasta los 6 años. Se trata de un recorrido no obligatorio de 3 años que la nueva denominación introduce de lleno en el sistema educativo.

A lo largo del tiempo, la escuela de niños de 3 a 6 años ha participado, junto con las guarderías, en la construcción del primer plan de desarrollo, la primera fase de crecimiento identificada por Maria Montessori. Para el pedagogo, los cuatro planes de desarrollo representan la visión global de la psicología evolutiva, son la trama en la que encaja puntualmente toda

2. En Italia. *(N. del T.)*

reflexión o estudio. Las cuatro etapas son una estructura simple de desarrollo desde el nacimiento hasta la madurez del individuo.

Esta visión puede definirse como holística, ya que está atenta a todos los aspectos del desarrollo (físico, intelectual, emocional, relacional), pero también a cada etapa del crecimiento, desde el momento en que considera al individuo como un todo tanto en relación con la etapa que atraviesa como en relación con el continuo de su desarrollo, y que reitera la importancia de la educación como «ayuda a la vida». El ritmo constructivo de la vida, según María Montessori, se divide en infancia (0-6 años), niñez (6-12 años), adolescencia (12-18 años), madurez (18-24 años). El primer período, el de la infancia, es el más importante, aquél en el que tiene lugar la formación del individuo. Es un período de procesos tan intensos que en él se configuran diferentes fases. El niño de 0 a 3 años es identificado por María Montessori como un embrión espiritual, ya que al nacer es un ser indefenso, pero tiene todo el potencial para iniciar su proceso de desarrollo tanto psíquico como físico.

> A los tres años es como si la vida volviera a empezar porque es entonces cuando la conciencia se revela plena y clara... La posibilidad de la memoria consciente no existe en el primer período; sólo cuando se da la conciencia tenemos unidad en la personalidad, y luego en la memoria.
>
> María Montessori, *La mente del bambino*

El recién nacido inicia un trabajo formativo inconsciente gracias a la capacidad de su mente, definida precisamente como mente absorbente; el médico lo define por ello como «creador inconsciente». De los 3 a los 6 años, en la segunda fase del primer plano evolutivo, su existencia vuelve a empezar a medida que el trabajo y el desarrollo se vuelven actos conscientes, la acción del niño se vuelve consciente, de ahí la definición de «trabajador consciente». La conciencia de sí mismo y del entorno que lo rodea hace que el niño se interese cada vez más en operar, en actuar sobre objetos y personas, y al mismo tiempo la mente continúa su

desarrollo operando en un nivel cada vez más abstracto.

Las acciones que el niño realiza a diario y que repite con el ejercicio constante contribuyen a lo que Maria Montessori llama «mejora constructiva». De los 3 a los 6 años, las manos se guían por el pensamiento, el juego es un verdadero trabajo, ya que el niño se ejercita intencionadamente para su propio desarrollo. La mente orienta la acción y, si el entorno responde a las necesidades e intereses del niño, la personalidad se realiza y construye sin rodeos ni obstáculos; las energías convergen y las perturbaciones que puedan encontrarse desaparecen, mostrando la verdadera personalidad de ese individuo en formación. Es así como en un ambiente receptivo, conformado por naturaleza, objetos y personas, el niño se educa y logra la normalización. El resultado de este proceso toma la forma de la conquista de una disciplina espontánea.

El trabajo y la libertad son dos pilares del método Montessori sin los cuales no podríamos hablar de autoeducación. El trabajo del niño difiere del adulto en muchos aspectos: la actitud que manifiesta hacia la actividad es una fuerza espontánea, una energía vital que Maria Montessori llama «hormè», un deseo, un impulso (Bergson lo llama «impulso vital», Freud «libido»). Es un motor de evolución, el niño muestra siempre alegría de vivir e interés por descubrir, llegando así a la conquista de la independencia.

Muchas veces, como educadores, nos encontramos observando a los niños y su gran voluntad de actuar. Al hacerlo, debemos ser siempre conscientes de que todo esto es algo valioso, un flujo de acciones y aprendizajes que no debemos obstaculizar de ninguna manera, sino ayudar a canalizar de manera fructífera.

El nacimiento de la Casa de los Niños

A los 37 años de edad, a Maria Montessori se le encomienda la tarea de formar y gestionar un grupo de niños de 3 a 6 años en el barrio de San Lorenzo de Roma. La doctora supo poner al servicio de esta parte de la población los materiales y estudios realizados hasta el momento y utilizados con niños con deterioro cognitivo.

En su discurso inaugural del 6 de enero de 1907 afirmó: «La Casa de los Niños no es un refugio pasivo para niños, sino una verdadera escuela de educación, cuyos métodos se inspiran en los principios de la pedagogía científica. Se sigue y dirige el desarrollo físico de los niños, y los ejercicios del lenguaje, de los sentidos y de la vida práctica constituyen los fundamentos principales de los conocimientos».

El entusiasmo la llevó en poco tiempo a montar un verdadero laboratorio educativo, en el que la observación directa de los niños y el uso que hacían de los materiales y del entorno le permitieron realizar continuos ajustes y perfilar un verdadero método científico propio. El nombre «Casa de los Niños» expresaba bien la especificidad de esa propuesta: no se podía hablar de una escuela de párvulos o ni siquiera de una escuela infantil, también habría sido bastante molesto compararlo con el sistema escolar común. Además, para la misma Maria Montessori, la escuela era probablemente algo más. Algunos sostienen que el término se lo sugirió su amiga Olga Ossani, una perio-

dista con la que compartió reflexiones e ideales y con la que participó en el Congreso Internacional de Mujeres de Londres en 1889.

Reflexionando hoy sobre el entorno físico de una escuela Montessori, probablemente no haya un término más adecuado para representar la idea de un lugar natural de crecimiento, sobre todo de un crecimiento espontáneo dirigido por instintos rectores. Para cada individuo, el hogar es el nido, el útero que contiene, protege y nutre hasta que estamos listos para experimentar y enfrentarnos al ambiente externo, protegidos por armaduras o mediante habilidades.

En este lugar, la observación y la experimentación se han sucedido desde sus inicios. Desde el primer día de apertura de la Casa de los Niños, Maria Montessori estará ocupada en dos frentes: observar sistemáticamente lo que sucede y anotar cualquier reflexión útil. Los principios que aún hoy sustentan el método Montessori son el resultado del estudio y la práctica que preservan a cada nuevo maestro de una visión adultocéntrica. El maestro Montessori debe ver a un niño que aún no existe, debe tener fe en el niño que se revelará a través de la acción sobre el entorno, a través del trabajo.

Las características del entorno Montessori

A menudo, quienes se acercan al método se centran en las características físicas de los espacios que Maria Montessori ha diseñado y estudiado, pero los aspectos que inmediatamente llamaron la atención de los visitantes de los hogares infantiles fueron la disciplina, el orden, un sentido de concentración absoluta. Numerosos grupos de niños (de treinta a cincuenta) que se encontraban absortos en actividades: unos se dedicaban a ejercicios de matemáticas, otros a dibujar, otros a ejercicios para desarrollar los sentidos, otros a quitar el polvo, unos inclinados sobre una alfombra, alguien sentado cómodamente en una silla y, de nuevo, alguien que caminaba entre objetos y compañeros con una gracia y una atención parecidas a un verdadero ejercicio de motricidad.

¿Cómo se puede crear todo esto? ¿Cómo es posible ofrecer un entorno cuyas reglas estén implícitas y en el que el adulto ejerza la función de atento guardián y espectador? Incluso hoy en día en una Casa de los Niños el ambiente respeta las características diseñadas al inicio del método. Pero ¿cómo llegó Maria Montessori a perfilar estas características? Con una observación cuidadosa y metódica, prolongada en el tiempo, se fijó en que los niños deben ser capaces de expresarse libremente, de comunicar necesidades y actitudes que de otro modo permanecerían ocultas o hasta reprimidas. Incluso si tiene una multitud de opciones, observó la doctora, el niño se concentra sólo en ciertos objetos y lo hace durante un tiempo determinado; por lo tanto, el adulto tendrá que eliminar la confusión y el desorden para promover el interés y la concentración. De ahí que una de las características del entorno Montessori sea el orden. No hay nada superfluo, todo lo que está presente tiene un propósito y un uso. Todo está ahí para el niño, es su entorno de vida, y en todo caso, la Casa de los Niños debe ofrecer tanto al niño como al adulto posibilidades y respuestas. Los espacios deben ser acogedores, luminosos y cuidados. El cuidado de los detalles –un tapete debajo del jarrón, un jarrón con una flor fresca sobre el mueble– son mensajes de cuidado que remiten al amor por el entorno y por quienes lo habitan. Si el entorno que acoge al niño res-

ponde a sus necesidades, le ofrece oportunidades, aumenta su confianza y por tanto su
sensación de bienestar, sólo podrá enamorar-
se de él y cuidarlo, y probablemente imite al
adulto en los gestos cotidianos.

Sin embargo, para garantizar la libertad
de actuar y cuidar los obstáculos físicos, es
necesario también superar esos obstáculos
físicos: aquí los mismos muebles se vuelven
proporcionados al niño y ligeros, para que él
mismo pueda agarrarlos fácilmente con sus
pequeñas manos y transportarlos al lugar
más adecuado para el trabajo.

La propia Montessori mandó construir sillas pequeñas, algunas de paja
y otras enteramente de madera, unas con reposabrazos y otras sin ellos pero
de formas elegantes, que pudieran responder a distintas necesidades. Incluso los demás elementos del mobiliario, como aparadores, estanterías,
lavabos, son proporcionados y al alcance de los niños. ¿Y los cuadros?
También los complementos están cuidadosamente dispuestos a una altura
adecuada para que el niño pueda disfrutarlos plenamente. Las alfombras
ofrecen una alternativa constante al trabajo de escritorio.

En este rango de edad, el niño siente un gran deseo de moverse para
aprender, muchas actividades y materiales requieren de un movimiento
continuo para un buen aprovechamiento y se desarrollan en parte en las
mesas y en parte en el suelo sobre una alfombra que tendrá como finalidad contener y delimitar el espacio de trabajo, pero también mantener el
material en buenas condiciones.

Los propios objetos del mobiliario se convierten así en motivo de actividad, con transporte, cuidado y elección. Las superficies deben ser fácilmente lavables, para que el propio niño pueda cuidarlas con actividades
que comúnmente ve en el hogar. El entorno, preparado hasta el último
detalle, dará respuesta a las necesidades cognitivas del niño de esa franja
de edad. Se volverá así atractivo y hermoso a sus ojos, como para despertar un amor estético por todo lo que revela orden, cuidado y atención.

El contacto con la naturaleza

La emergencia sanitaria de estos últimos años ha obligado a cambiar la relación con la naturaleza, pero debemos ser conscientes de que, si las motivaciones de determinadas prácticas no son profundas, pronto se perderán y, por tanto, será importante fomentar una verdadera cultura respecto a la educación al aire libre. Debemos ser conscientes de que el espacio al aire libre es o puede convertirse en un verdadero recurso educativo, parte fundamental de la oferta educativa y no un momento de interrupción de la relación educativa. Debemos darle valor al contacto directo con la naturaleza, a sus elementos tangibles e intangibles (tierra, arena, hojas, pero también luz, oscuridad) y a su cambio, observando sus fenómenos.

Los escrúpulos del adulto

Al moverse, los niños tiran cosas al suelo, se golpean, producen ruido y desorden, pero no será el pesado pupitre el que eduque sus movimientos. El niño de 3 a 6 años debe poder desarrollar su coordinación, y la posibilidad de afinar los movimientos del cuerpo y los movimientos finos de la mano le permitirán adquirir habilidades fundamentales en la vida, ante todo la escritura. La práctica será un componente clave en la adquisición de estas habilidades.

Cada movimiento torpe o desatento que da lugar a un pequeño accidente (un plato roto, un vaso volcado, etc.) es en sí mismo una denuncia de error; no hay necesidad de que el adulto sancione o señale el mal uso. En estas situaciones, a menudo sucede que los niños se sienten humillados: por lo tanto, será importante darles confianza y coraje para volver a intentarlo. Los mismos niños se apresuran a ayudar a su compañero en dificultades, guardan los objetos con cuidado y restauran el orden original. El valor de esta posibilidad en el aumento de la autoestima se vuelve inconmensurable. Un claro ejemplo para todos lo da el momento en que se le ofrece al niño una vajilla rompible. Hoy, en muchas escuelas o incluso en el hogar, los niños acompañan las comidas con tenedores y cucharas de plástico, así como los platos en los que se ofrece la comida o los vasos con los que se bebe. ¿Hasta cuándo? Hasta que el adulto ya no tenga miedo de que el niño se lastime o rompa algo. Pero hasta ese momento el niño habrá experimentado y madurado la convicción de que los objetos nunca se rompen y por tanto pueden ser manipulados con impetuosidad, con fuerza o incluso pueden ser arrojados. En la Casa de los Niños muchos objetos son frágiles (porcelana, vidrio, cerámica), pero los accidentes son escasos y, cuando ocurren, ofrecen la posibilidad de comprender que para todo hay remedio, ya que seguramente el niño o el adulto no lo ha hecho a propósito.

El valor del grupo diverso

Aún hoy, no todas las escuelas ofrecen un trabajo organizado con clases heterogéneas. El desglose clásico –primer año para niños de 3 años, segundo año para niños de 4 años y tercer año para niños de 5 años– tranquiliza a los padres y tranquiliza a los profesores, ya que supone una gestión más fácil del grupo.

En San Lorenzo, Maria Montessori pudo experimentar y observar el trabajo y las relaciones que se creaban en un solo grupo multiedad de niños de 3 a 6 años. Las observaciones destacaron que los niños más pequeños, movidos por el interés y estimulados por las actividades realizadas por los mayores, aprendían más fácilmente de sus iguales que del ejemplo de un adulto, mientras que los mayores adquirían un mayor sentido de responsabilidad y autodominio siendo capaces de ayudar a los niños más pequeños.

Hoy en día estas teorías están respaldadas por investigaciones científicas. El psicólogo Lev Semyonovich Vygotsky define el aprendizaje como el fruto de la interacción social. Para entenderlo mejor, debemos imaginar una zona de acción, que el psicólogo llama la «zona de desarrollo proximal». En este espacio encontramos lo que el niño sabe poner en práctica

y los nuevos aprendizajes que podría adquirir. Un niño de tres años logra completar algunas actividades por sí solo, pero junto con el niño de cinco años logra experimentar con más motivación, superando efectivamente límites aparentemente insuperables en ese momento.

Distinta puede ser la aportación del adulto que domina las habilidades de manera diferente y utiliza estrategias que en ocasiones ofrecen más posibilidades de aplicación que la zona proximal del niño. Para validar esta teoría, el psicólogo ruso apoya el concepto de «*scaffolding*» (andamiaje), es decir, una persona más experta ofrece ayuda a otra menos experta en una actividad. El niño mayor es, de hecho, un ejemplo no inalcanzable y fácilmente observable para el menor, hasta que este último se sienta seguro de actuar de manera autónoma. En esta organización, los niños se apoyan unos a otros sin que el adulto represente el conocimiento. ¿Y los mayores? Al asumir este rol, son conscientes de que son un ejemplo para los demás y esto les permite activar procesos que estimulan el sentido de motivación y autoestima. Los niños inmersos en un ambiente tan organizado no perciben que forman parte de una jerarquía, sino que adquieren el sentido de pertenencia a un grupo, a una comunidad operativa.

Será más fácil en esta modalidad distinguir y practicar valores como la cooperación y la colaboración. En la Casa de los Niños casi nunca se presencian sentimientos de celos hacia los éxitos de los demás, y en poco tiempo se adquiere la idea de futilidad de la lucha por objetos o espacios. Además, no debemos olvidar que el enfrentamiento entre dos niños de diferentes edades no sólo implica una transferencia de habilidades, sino también de relaciones y, como cada uno es diferente, el tímido se valdrá del extrovertido, el fuerte del débil y viceversa: en este intercambio, los roles entre grandes y pequeños también pueden invertirse, y así es como los pequeños pueden enseñar a los grandes. El enfoque organizativo de las escuelas Montessori hasta el día de hoy sigue estando, por lo tanto, a favor de clases heterogéneas en cuanto a edad, para ofrecer a los niños oportunidades óptimas para su desarrollo cognitivo y afectivo.

Hoy en día existen muchas preguntas sobre el papel de lo digital y cómo seguir poniendo a disposición de las escuelas nuevas herramientas. Cada herramienta puede ser útil o dañina a la vez, y es necesario iniciar una reflexión sobre el significado y por qué puede ser útil utilizar un material o una herramienta. Para los profesores, o para los mismos padres, puede ser provechoso cuestionarse de manera científica la validez de una herramienta o de un enfoque. Lo que la pedagogía científica de Maria Montessori nos enseña es que nada se coloca al azar en el entorno, sino que detrás de cada elección siempre hay una profunda reflexión por parte del equipo educativo, que consiste en el estudio, la comparación participativa y más: en una etapa posterior todo se verifica y evalúa mediante una atenta observación. Este enfoque permite tener en cuenta las necesidades de cada alumno, mientras que la acción educativa está siempre relacionada con el contexto y el grupo. La acción correcta no consistirá en ofrecer más estímulos, sino en ordenar las ofertas disponibles y necesarias.

¿Escuela pasiva o escuela activa? Experiencias y prácticas no sólo Montessori

John Dewey y la «escuela activa»

John Dewey, filósofo y pedagogo norteamericano, a fines del siglo XIX revolucionó enormemente los paradigmas más difundidos relativos al acto pedagógico: la escuela, afirmó, no debe basarse en nociones o en una escucha pasiva, sino que debe iniciar reflexiones que den cuenta de la psicología del alumno y no de la del maestro.

La relación entre adulto y niño debe profundizarse, evitar la rivalidad, excluir la idea de alguien que posee el conocimiento y lo transmite a través del aprendizaje memorístico. De los estímulos ofrecidos por Dewey, surgirá posteriormente la expresión «escuela activa». Ciertamente, Maria Montessori, su coetánea (ambos fallecieron en 1952, con menos de un mes de diferencia), contribuyó con un importante impulso a cambiar un paradigma educativo basado en la pura transmisión del conocimiento. La difusión de su pensamiento encontró mucha más facilidad en el extranjero que en casa. De hecho, la doctora se vio obligada a abandonar Italia por motivos políticos, y encontró luego en Estados Unidos un terreno fértil y acogedor para difundir sus teorías.

Promover la independencia, la libre elección (aunque dentro de unos límites codificados), el respeto al desarrollo natural del ser humano en su integridad física, psíquica, afectiva y social supuso un gran cambio. Así, se establecieron nuevos valores educativos.

Montessori valora un acto basado en la experiencia, los preceptos de la escuela activa esperan una educación donde el contacto con el entorno equivalga a experimentar, participar, compartir, trabajar construyendo las reglas del trabajo y con ellas una auténtica ética del trabajo. Se aprende haciendo, no escuchando o simplemente mirando.

Don Milani y la escuela de Barbiana

En este marco de reflexión y renovación pedagógica no podemos olvidar la aportación ofrecida por don Lorenzo Milani. A mediados del siglo xx, el sacerdote fue expulsado de Florencia y enviado a Barbiana, un pueblo de montaña en Mugello, donde conoció una realidad social muy diferente a la que había tenido en su juventud.

Pronto se dedicó a la enseñanza de los pobres y marginados que, por falta de medios, habrían sido destinados al analfabetismo. El ideal establecido fue instituir un lugar inclusivo y democrático donde todos pudieran acceder a la educación. El conocimiento como medio para la plena ciudadanía de todos se convirtió así en un valor que podía borrar las diferencias de clase y de condición social.

Cuando hacía buen tiempo, las clases se hacían al aire libre y los que sabían más ayudaban a los que sabían menos. Don Milani abolió todas las formas de castigo corporal, en su momento permitidas por la ley en las escuelas públicas. Sus métodos contribuyeron sustancialmente a nutrir una nueva idea de «maestro», ya no un maestro desapegado y autoritario, sino el promotor de la cooperación educativa.

Más allá de las muchas diferencias, don Milani y Montessori fueron férreos defensores de los derechos de la persona, e identificaron la niñez y la adolescencia como una categoría demasiado poco protegida. Ambos dedicaron sus esfuerzos a otras categorías en ese momento oprimidas por el reconocimiento perdido: los derechos de la mujer para Maria Montessori y los derechos de los trabajadores para don Milani. Ambos creían firmemente que una renovación educativa sólo podía devolver una renovación social. De ahí surge el derecho al conocimiento que hoy se promueve como el derecho primordial de todo niño. Ahora ya no luchamos contra las consecuencias de un período de posguerra, pero no debemos subestimar la falta de relaciones y cultura, amenazas reales de creciente pobreza educativa. Los niños son bombardeados con información y mensajes lanzados por nuevos medios de comunicación que ofrecen todo a un clic de distancia. Todo llega con extrema facilidad, reduciendo drásticamente la confrontación en familia, ya no hay tiempo para pensar en profundidad, hemos olvidado lo que significa confiar para reflexionar y parar. Lo que se pide es ser inteligente, y el intento de adaptarse a los modelos que propone el mundo comercial o de moda puede desviarnos. El estrés, los trastornos de atención, los estados depresivos son los nuevos malestares contra los que tienen que luchar los adultos de referencia. Destacando estos aspectos deducimos la actualidad del método: detenerse y recuperar la concentración, permitirse cometer un error como camino de aprendizaje, intentar varias veces aumentar la estima y la confianza en las propias capacidades o simplemente permitirse un tiempo de ocio y contemplación de lo que nos rodea como espacio físico y emocional.

El diálogo educativo y el enfoque Reggio Emilia

¿Qué entendemos por diálogo educativo? El diálogo podría expresarse en cien idiomas, como afirmaría Loris Malaguzzi, profesora, pedagoga y fundadora de las primeras escuelas infantiles municipales de Reggio Emilia, que se hicieron célebres tras el reconocimiento por la revista *Newsweek*, en 1991, de la escuela Diana como la más avanzada del mundo. Los filósofos de Reggio validan las ideas de la escuela activa gracias a los continuos intercambios que tuvo Malaguzzi con grandes pensadores y artistas a lo largo de su vida: Howard Gardner y las inteligencias múltiples, Bruno Munari y la escuela laboratorio, Gianni Rodari y el poder del lenguaje, Bruno Ciari y la reforma escolar.

> **Siempre se necesita un golfo... para los hombres, para los niños, para las mujeres, es un lugar protegido, es un lugar más silencioso, un lugar donde se puede pensar más y mejor.**
> Loris Malaguzzi en el *Premio Kohl* en Chicago, 1993

En la idea de Reggio, el educador no está solo, sino que se apoya en otros valiosos profesionales, como los pedagogos, con los que establecer intercambios y protocolos observacionales, y los *atelieristas* (expertos en escul-

tura, fotografía, pintura...). El mismo cocinero no se esconde en la cocina, sino que acoge cada mañana a niños y familias entrelazando un intercambio. De hecho, la cocina se instala sistemáticamente junto a la entrada. Cabe señalar que, en este contexto, incluso los lenguajes no verbales tienen inherentes muchas palabras, sensaciones, pensamientos, deseos, acciones, todo lo que se necesita para construir la comunicación y la expresión.

Todo lenguaje es una forma de ser, de actuar, fuente de creación de imágenes o procesos, de símbolos o metáforas, de pensamientos lógicos y matemáticos, de estilos creativos y personales diversos. En el enfoque Reggio Emilia, las escuelas infantiles y las guarderías deben fomentar el potencial del niño para que sea capaz de construir su propia inteligencia.

Un elemento característico de las escuelas de Reggio Emilia que las une a las opciones de las escuelas Montessori actuales es el de prever la presencia conjunta de educadores y maestros de lengua materna inglesa dentro de las escuelas infantiles y las guarderías. Así, el niño se enfrenta a diario a una inmersión natural en otro idioma: escucha la musicalidad de diferentes sonidos lingüísticos, desarrolla la conciencia, el reconocimiento y la adquisición de otra estructura lingüística, explotando las capacidades de su mente absorbente en un período sensible, en el que no será fatigoso dominar provechosamente estas nuevas facultades.

Hemos descrito el papel fundamental del entorno dentro de las escuelas Montessori, en el enfoque de Reggio Emilia el atelier es un lugar que al mismo tiempo ofrece un conjunto de valores, normas, concepciones y métodos de comportamiento que sustentan la libre acción de los niños, promueven la manipulación y el trabajo de las manos y nuevos procesos mentales, no sugeridos sino estimulados. En este lugar no se produce aprendizaje, sino condiciones para el aprendizaje. ¿Y el *atelierista*? Dirige, facilita el aprendizaje y la experimentación que implica la investigación, anima haciendo preguntas que llevan al descubrimiento.

Paola Tonelli y la caja azul

A finales de la década de 1990, una maestra de parvulario publicó en una revista infantil una cuidadosa reflexión sobre el uso de un material que había adoptado para suplir los déficits creados por la sociedad. Paola Tonelli ilustra cómo en las grandes ciudades los niños pueden experimentar «nuevos peligros»: rodeados de cemento, pasan el día de un contenedor a otro, casa, coche, escuela, gimnasio, piscina. Cuando están al aire libre, las frases repetidas del adulto son: «No toques», «Cuidado», «No te ensucies». Muchas escuelas aún no cuentan con un espacio al aire libre, y considerando la cantidad de tiempo que los niños pasan en los edificios escolares todos los días, resulta que no experimentan momentos al aire libre.

En 1984, Paola Tonelli fue a Zúrich y asistió a un seminario impartido por la psicoterapeuta Dora Kalff sobre la terapia de «juegos de arena». La especialista creía que, debido al desarrollo tecnológico, el hombre se alejaba cada vez más de la naturaleza y de las emociones que ésta despierta. Tonelli comenzó a reflexionar sobre cómo acortar esta distancia entre el hombre y la naturaleza en la vida cotidiana escolar. Más tarde, en 1972, el

encuentro con la maestra Livia Aite le permitió diseñar un material que el niño aún elige con gran pasión en la escuela.

También Aite, al igual que Kalff, utilizaba la arena como técnica terapéutica, su estudio era una habitación muy tranquila en cuyo centro había una caja con el fondo pintado de azul y que contenía arena. A lo largo de las paredes de la habitación, los estantes contenían decenas y decenas de objetos en miniatura, todo lo que pudiera representar el mundo: árboles, casas, animales de todas las especies, personas de todo tipo, género, edad, oficio o profesión. El joven paciente entraba y empezaba a tocar, escenificando lo que más le apetecía.

La historia del papel del niño impactó mucho a la maestra Tonelli, quien llevaba mucho tiempo buscando sugerencias para enriquecer la oferta que el niño podía encontrar en el aula, y de inmediato pensó en el entusiasmo de sus alumnos si lograban disfrutar de ese espacio. Tras varios experimentos, la

maestra diseñó la caja azul, un recipiente de 50 x 70 centímetros con un borde de unos 10 centímetros. En su interior puso arena, una capa adecuada para acumular, pero también para crear un espacio libre con un simple movimiento de la mano para resaltar el contraste tierra/agua y poder obtener rápidamente diferentes escenarios. Al lado, una caja sectorial contiene elementos naturales y antrópicos bien divididos y ordenados: piñas, piedras, conchas, personas, animales, medios de transporte, ladrillos, árboles, casas, palos y mucho más. Un niño o dos, tres, cuatro trabajan en la caja azul, según sus acuerdos; no hay límite de tiempo para este trabajo.

Fomentar la manipulación con elementos naturales, dramatizar historias fomentando el lenguaje espontáneo, organizar procesos artísticos y expresivos componiendo escenarios, buscando simetrías y caminos, desarrollar la mente lógico-matemática fomentando también aquellos conceptos topológicos como arriba, abajo, centro, derecha, izquierda, cuantificar, distribuir todo lo que la construcción de microentornos y relatos promueve y fomenta en el niño, incluso en el niño que aún no domina el idioma con seguridad: éstos son los objetivos de la caja azul. Los niños se apasionan espontáneamente porque en su uso encuentran una respuesta a las necesidades de esta etapa del desarrollo.

Dentro de la oferta educativa de una escuela infantil, la reflexión sobre materiales estructurados y no estructurados es una constante que garantiza estímulos adecuados y pertinentes. El entorno acompaña los intereses al contener las diversas posibilidades, ofreciendo experimentación y límites: ésta es la verdadera libertad.

Para los niños inmersos en una realidad donde todo es rápido, el material de la caja azul ofrece lentitud, reflexión, compromiso espontáneo, y en este compromiso el niño descubre que hay múltiples características en los objetos, como suave, áspero, caliente, frío, pesado, ligero, suave, elástico y más, mientras experimenta el placer de hablar.

Arno Stern y el Closlieu

En nuestra reflexión sobre lo que debe ser una escuela infantil que pueda aportar una visión global de las necesidades del niño en esta fase de crecimiento, no podemos omitir los estudios realizados por Arno Stern respecto a la traza, el dibujo del niño y, por lo tanto, del hombre.

¿Qué es dibujar? ¿Qué papel debe jugar en la escuela? ¿Y hoy cómo se valora, configura o explota? Creo que Stern, con sus estudios y reflexiones, puede ayudarnos a ofrecer a los niños una vez más una dimensión respetuosa de este importante gesto de la historia humana: «En el espacio apropiado de la hoja, la mano escribe trazos: no pertenecen a ningún sistema conocido estético, semántico o lingüístico. Ésa no es la mano de un ser especial. No es una virtud lo que dicta esos signos, sino una necesidad de formulación inherente a cada uno de nosotros. Estimulada, esta formulación libera las inscripciones ocultas en la memoria del organismo. Signos insólitos, formulación nunca probada, memoria ignorada...; se necesitaba un lugar para su revelación, un lugar fuera de los hábitos comunes: se necesitan actos ajenos a los fines habituales. Así se creó el Closlieu [literalmente, «lugar cerrado»] y se materializó la Expresión».[3]

---

3. A. Stern, *I bambini senza età*, Luni Editrice, Milán, 1989, p. 8

Las sugestiones, impresiones, sensaciones que nos ofrece el entorno son informaciones valiosas que llevan al hombre al conocimiento y a la conciencia. Es un trabajo, en parte consciente y en parte inconsciente, que emerge poco a poco convirtiéndose en un verdadero proceso de construcción. En la base de este proceso nuestros sentidos son el medio fundamental para el conocimiento. En función de las impresiones, con una sincronía perfecta, aunque no programada, los sentidos recogen y traen información a la mente hasta lo más íntimo que tenemos: nuestra alma. De esta manera, argumenta Stern, construimos nuestra memoria física y psíquica. El individuo de cada época, de cada género, de cada linaje, de cada lugar está naturalmente inmerso en este proceso generador de la historia humana.

El Closlieu como refugio

Aún hoy, al iniciar sus conferencias, Arno Stern comparte con sus oyentes que no podría haber estado allí hablando del Closlieu y su obra si no hubiera sido por una serie de hechos fortuitos, entre los que destaca el comportamiento de un policía con uniforme color miel asociado al terror, que se volvió para mirar la hora justo cuando pasaba para abordar el tren que lo llevaría a él y a sus padres a un lugar seguro, una mañana de octubre de 1942.

Stern nació en Alemania, en Kassel, en 1924. Al regresar de un campo de trabajo en Suiza, fue llamado a la edad de 22 años para entretener a los niños huérfanos de guerra. Los materiales disponibles eran escasos y estaban racionados, como la ropa y la comida. Un día, entre los paquetes dejados por los soldados americanos, encontró unas pinturas... y así fue como, por otra coyuntura fortuita, nació el juego de pintar: «La guerra acababa de terminar, y yo, un joven sin futuro planificado, me enfrenté a un grupo de pequeños huérfanos huéspedes de un albergue, con la tarea de mantenerlos ocupados. Tuve la idea de proponerles que dibujaran y pintaran. Y eso se convirtió en una actividad tan espectacular que todos lo acogieron maravillosamente».[4]

---

4. A. Stern, *Dal disegno infantile alla semiologia dell'espressione*, Armando editore, Roma, 2003, p. 19.

Con la existencia misma, nació el trazo como signo, testimonio, prueba, documentación. En consecuencia, la investigación, el estudio, la lectura de cada signo se convierte en un trabajo sucesivo y espontáneo

Arno Stern ha diseñado un lugar especial donde se puede trazar pintando. Al entrar en el Closlieu somos invadidos por multitud de estímulos sensoriales. Los muros formados por un denso tejido de colores nos envuelven conteniéndonos. Esa textura no está hecha de signos aleatorios, sino que

es en sí misma un recuerdo del lugar. Cada pincel que accidentalmente o por necesidad sobresale de la tela deja un trazo –una vez urdimbre, otra vez trama– de un gran tejido que se vuelve cada vez más denso según la edad del Closlieu.

Las paredes nos hablan de niños y adultos, jóvenes y viejos, color, tierra y cielo, fuerza y ligereza. Cada ojo captará diferentes aspectos sin análisis y sin juicios, sólo como un espectador dispuesto a sentir la emoción de lo que naturalmente puede manifestarse. Hasta los olores y los perfumes son típicos de este lugar: el papel, la fibra de madera, el agua y las mezclas, las cerdas empapadas de color. Los sonidos y ruidos, los gritos a veces tímidos y a veces incisivos, la relación entre persona y objeto o entre persona y persona acompañan lo que se convierte en un ritmo de turnos y gestos generadores de rutina que ordenan, tranquilizan y crean la situación perfecta de expresión.

Las reglas del Closlieu actual se escribieron con la experiencia y la observación de quienes trabajaron allí. Stern nunca pintó allí, sino que inmediatamente asumió el papel de observador respetuoso y sirviente atento. Nunca ha guiado manos ni ideas, nunca ha enseñado técnicas, sino que siempre ha animado a dejarse guiar por el pincel. Así nació el papel del practicante al que fácilmente podríamos comparar con el del maestro montessoriano. En este entorno cerrado conviven varias dimensiones, cada uno tiene un espacio que es individual y que se construye entre el yo y el pincel, entre el

yo y la paleta, entre el yo y el papel, sobre el que aparece lo presente en nuestra memoria orgánica, en la memoria celular de cada persona. No olvidemos, hablando de resonancias, que Maria Montessori nos habla de la memoria muscular.

Este pensamiento de Arno Stern es fascinante porque nos retrotrae a la historia de la etología humana encerrada en el trazo espontáneo y contemporáneo que aparece en cada hoja y que puede pertenecernos a cada uno. Y es así como el tiempo y el espacio se expanden y encierran a cada persona sin tener en cuenta diferencias (edad, historia, procedencia, etnia, cultura, religión...) que no influyen en lo que aparece en la hoja, ni hay virtuosos ni menos dotados. Cada rastro, entrada tras entrada en este lugar, se vuelve denso con la memoria. Ésta es otra dimensión del Closlieu, una dimensión que ofrece a todos las mismas posibilidades sin juicio y sin competencia: es un encierro liberador, en este lugar uno no tiene que defenderse. No es inmediato para la persona de hoy en día permitirse esa posibilidad, pero lo que Stern nos asegura es que será la propia actividad la que guíe al individuo hasta redescubrir sus habilidades innatas, hasta se pueda conceder «el juego de pintar».

La identidad de grupo que se crea se basa en reglas compartidas representadas también por la rutina de los gestos que no contribuyen a la realización de un trabajo común, ya que cada uno tiene su propio proyecto y todos tienen las mismas posibilidades. Así se configura un lugar interior y un lugar exterior: fuera está el mundo, dentro está el Closlieu y una nueva libertad. En esta libertad hay pocas pero precisas reglas, para que la expresión permita la manifestación de la formulación. La formulación es

> En el espacio apropiado de la hoja, la mano inscribe trazos. No es una virtud la que dicta estos signos, sino una necesidad de formulación inherente a cada uno de nosotros.
> **Arno Stern**

la manifestación natural y, a diferencia de la creación artística, excluye cualquier destinatario. Constituye un sistema universal, independiente y articulado, formado por unos setenta elementos que le son propios, y sigue sus propias leyes; no es más que la manifestación de nuestra memoria celular, un fenómeno complejo que se da a través de múltiples manifestaciones estratificadas. Es algo diferente a los recuerdos. Su origen está ligado al programa genético: a través del trazo, la persona (pequeña o grande) expresa todo lo que ha quedado grabado en su memoria orgánica. En esta sucesión dinámica de gestos, cada uno dibuja para sí mismo, impulsado por una necesidad interior inconsciente. Los que salen del Closlieu son felices, no se les enseña nada que no sea ya parte del individuo.

Imposible no detenerse a considerar cómo hoy en día se manipula y explota el papel del dibujo en las escuelas. La mayoría de las veces, el dibujo es un producto que el niño no hace para sí mismo sino para alguien, muchas veces se convierte en una petición que se debe ejecutar, perdiendo así su valor. Además, el trazo entre los 3 y los 6 años es la máxima expresión de una motricidad fina en evolución, recuperar un valor sin explotarlo se convierte en una tarea importante para todo adulto de referencia.

Para recordar

★ La escuela infantil, así concebida, no parece ser una preparación para la escuela primaria, sino que es el principio de una educación que continúa sin detenerse jamás.

★ Con el método Montessori ya no hablamos del período preescolar y escolar, ya no hablamos de un programa que conduce a la educación, sino de un niño que, al vivir, se desarrolla con la ayuda del trabajo físico e intelectual, esbozando así diferentes niveles de cultura según la edad.

★ Será deber del nuevo maestro ahorrar al niño esfuerzos inútiles, que conducen al derroche de energía, dirigiendo su actividad hacia la búsqueda instintiva del conocimiento. La educación como ayuda para la vida es un asunto que concierne a toda la humanidad.

Testimonio
de una madre

Monica, madre de una niña que asiste a la Casa de los Niños del Aprendizaje y Servicio Semillas de Mostaza

El viaje de aprendizaje de Miranda a través del uso del método en un entorno escolar comenzó a los once meses de edad. Los padres, en la vida cotidiana, hemos podido observar un aumento paulatino de sus habilidades, encontrándola de vez en cuando sorprendentemente hábil en actividades que dentro del ámbito doméstico nunca se le habían ofrecido, sino que, por el contrario, a veces se le habían negado «por protección» como, por ejemplo, el uso del cuchillo en la mesa. Y es junto a este camino de aprendizaje y autonomía escolar donde ha derivado nuestro camino de redescubrimiento y confianza en nuestra hija, acompañada por la propia Miranda en la afirmación y legitimación de su «saber hacer» dentro de las rutinas familiares. Esto también le ha permitido obtener un mayor reconocimiento de su individualidad en las relaciones familiares y extrafamiliares a través del ejercicio de su capacidad de actuar, pudiendo decidir cuándo liberarse de la dependencia adulta en una serie de tareas que considera especialmente gratificantes para ella –como la preparación de la merienda– o especialmente íntimas y delicadas, como usar el baño, o realizar algunas tareas sencillas de higiene personal.

Junto con el crecimiento de las habilidades prácticas y operativas, hemos observado en nuestra hija el desarrollo de algunos conceptos más abstractos:

★ Los temas del cuidado se reproducen en el juego y en actividades al aire libre, como el cuidado de una maceta que necesita ser resguardada de la intemperie, alimentada y regada, permitiéndole experimentar con pequeñas responsabilidades y espacios de interdependencia a través de la dedicación al jardín.

★ El respeto por los objetos y los espacios comunes aprendido a través de la manipulación de objetos frágiles, vasos de vidrio que se rompen si se manipulan con descuido y dejan de existir en su uso, así como un juguete mal conservado o los vasos de la madre.

Mayor confianza con el elemento tiempo si se retrotrae a una actividad práctica ya dominada y por tanto reconocible en el momento de su ejecución (por ejemplo, si digo «Voy a jugar contigo en cuanto haya terminado de poner la mesa», para Miranda es posible cuantificar y aceptar más fácilmente la duración de la espera.

6 La escuela Montessori hoy

Roberta Raco

ntonces, ¿cuáles son los principios esenciales de una escuela infantil que adopta el método Montessori como horizonte pedagógico y didáctico? El Plan de Oferta Formativa (POF) es la «tarjeta de identidad» con la que cada escuela debe presentarse, haciendo así explícita su visión del camino de aprendizaje y de crecimiento de niños y niñas. Creemos que la presentación de los puntos que debe contener y de las respuestas/propuestas más propiamente montessorianas puede servir de guía para la elección de los padres que van a matricular a sus hijos en la escuela infantil y también para aquellos docentes que quieran seguir las huellas dejadas por la doctora de Chiaravalle.

El Plan de Oferta Formativa

La escuela infantil de hoy en día forma parte del sistema educativo integrado y acompaña al niño desde los 3 hasta los 6 años. Si bien no es un recorrido obligatorio, representa un lugar esencial para establecer y cultivar relaciones que garanticen un terreno fértil para el desarrollo emocional, psicomotor, cognitivo, moral y social. Para cada niño o niña, la escuela infantil tiene como objetivo promover el desarrollo de la identidad, la autonomía, la competencia y la ciudadanía. Al final de este camino, el niño se enfrentará a la segunda infancia (segundo plan de desarrollo, desde los 6 hasta los 12 años), en la que se abrirán en su mente grandes interrogantes: ¿quiénes somos?, ¿de dónde venimos?, ¿qué propósito tiene el ser humano? Los valores éticos como la justicia, la amistad, la gratitud y la generosidad se afirman cada vez más. Mientras los primeros seis años de vida se dedican a la construcción de la realidad, más adelante el niño se dedicará a las leyes que rigen el mundo y la naturaleza. La escuela infantil Montessori sienta las bases de esta construcción compleja al favorecer la ayuda indirecta para desarrollar el sentido de autoestima y confianza en sí mismo del niño.

La identidad

Desarrollar la identidad significa aprender a conocerse a uno mismo, a sentirse bien y a sentirse seguro frente a nuevas experiencias en el propio entorno de referencia. La identidad, en los primeros años de vida, significa sentirse reconocido como persona única e irrepetible, pero también significa vivir diferentes roles afectivos y sociales: hijo, alumno, compañero, habitante de un territorio, perteneciente a una comunidad… Las comunidades pueden variar (familia, escuela, equipo) y cada una tiene reglas y límites, a veces diferentes, a veces muy similares.

La autonomía

Desarrollar la autonomía significa conocer, interpretar y gestionar el propio cuerpo.

- ★ Descifrar y reordenar estímulos sensoriales de objetos y fenómenos físicos que nos rodean.
- ★ Elegir la estrategia y los medios más útiles para adaptarse al entorno.
- ★ Saber participar en actividades en diferentes contextos.

- ★ Tener confianza en uno mismo y en los demás; realizar las actividades sin desanimarse.
- ★ Disfruta haciéndolo uno mismo y no temer el momento en se necesite pedir ayuda.

Un niño y una niña autónomos pueden expresar sus sentimientos y emociones en diferentes idiomas; saben explorar la realidad y comprender las reglas de la vida cotidiana con creciente conciencia; saben cómo participar en negociaciones y decisiones colectivas, dando razo-

nes de sus opiniones, elecciones y comportamientos. Son capaces de gestionar su vida de manera autónoma, seleccionando motivos de interés y actividad, desarrollando así su personalidad y carácter individual, descubriendo que son únicos y valiosos para la comunidad a la que pertenecen, y también podrán adoptar actitudes que siempre son más responsables ante sus compañeros y ante aquellos que necesitan atención. En una escuela de método Montessori, la autonomía representa un camino, un proceso y no una meta.

El mayor desafío para el adulto será proporcionar la ayuda adecuada para este fin. Si el niño es atendido haciendo las cosas por él, se acostumbrará a una situación de dependencia que interiorizará como norma. De hecho, no olvidemos que en estos primeros años de vida el niño va construyendo su realidad, no nace con un juicio crítico hacia nosotros ni con la capacidad de discriminar lo que puede ser moral y éticamente correcto. Todo ello lo construirá con experiencia y siguiendo modelos que interiorizará gracias a la imitación. La autonomía del nuevo hombre debe ser una autonomía emocional y psicológica, no sólo física, y nuestra responsabilidad es fundamental para que este proceso tenga los mejores resultados posibles.

La competencia

Desarrollar esta competencia significa:

★ Aprender a hacer, ser capaz de realizar acciones complejas encaminadas a la consecución de un fin individual, social o ecológico.

★ Aprender a moverse, manipular objetos, hablar, escribir, contar, utilizar herramientas lógicas, catalogar y ordenar formas de vida y reconocer cosas en las que ya se han fijado antes.

★ Saber reflexionar sobre la experiencia para generalizar y encontrar reglas que subyacen al desarrollo del cosmos.

Un niño y una niña competentes pueden describir su experiencia y traducirla en trazos y signos personales y compartidos, recordando, narrando y representando hechos significativos; saben desarrollar la capacidad de preguntar, reflexionar, negociar significados. Maria Montessori usa la palabra «talentos» para indicar las habilidades ocultas de incluso los niños muy pequeños. El adulto allanará el camino para su manifestación confiando en cada niño, sin medir ni evaluar las habilidades adquiridas, pero perfilando nuevos rumbos dentro del proceso de crecimiento.

La ciudadanía

Desarrollar un sentido de ciudadanía significa descubrir al otro, su especificidad y su importancia para nosotros, sus necesidades y sus razones, y también significa aprender a gestionar los contrastes y conflictos a través de reglas compartidas, pacíficas y democráticas, que se definen a través de las relaciones, el diálogo, la expresión del propio pensamiento, la atención al punto de vista del otro, el primer reconocimiento de los derechos y deberes de todos. Una niña y un niño que desarrollan un sentido de ciudadanía sientan las bases de un modelo democrático para toda la sociedad, una forma de vida éticamente orientada, abierta al futuro y respetuosa de la relación entre el hombre y la naturaleza.

La naturaleza del niño y el entorno de aprendizaje

Los niños son activos y competentes desde el seno materno, y en todas las latitudes y en todos los lugares se distinguen por una fortísima aptitud para adquirir todos los aspectos de la vida humana y de la civilización. Les encanta construir, jugar, comunicar e inmediatamente emprenden una búsqueda de sentido que los impulsa a investigar la realidad.

Los niños y niñas que llegan por primera vez a la escuela infantil ya tienen su propia historia: han aprendido a hablar y a moverse de manera autónoma; han experimentado las primeras y más importantes relaciones con la familia y la sociedad; han aprendido a expresar emociones y a desempeñar diferentes roles a través del juego; han aprendido los rasgos fundamentales de su cultura; han aprendido a actuar sobre el mundo modificándolo y dibujándolo, sabiendo qué relaciones hay entre los objetos y cuáles son las fuerzas y cualidades naturales.

En la escuela infantil, entre los 3 y los 6 años, los niños se encuentran

y experimentan con diferentes lenguajes, descubren a través del diálogo y la comparación con otros niños la existencia de diferentes puntos de vista, plantean por primera vez las grandes preguntas existenciales, observan y cuestionan la naturaleza, desarrollan las primeras hipótesis sobre el lenguaje, los medios y los diversos sistemas simbólicos. Su potencial y disponibilidad se desarrollan cada vez más y pueden evolucionar armónicamente, debido a su interés personal en la vida, al compromiso profesional de los docentes, a la colaboración con las familias, a la organización y a los recursos disponibles para construir un ambiente de aprendizaje rico y significativo.

Las familias, que representan el contexto más influyente para el desarrollo de los niños, a pesar de su diversidad –porque hay muchos ambientes de vida y referencias éticas, sociales, culturales y comportamentales–, son siempre portadoras de recursos que son valorados, apoyados y compartidos en la escuela, para permitir la creación de una sólida red de intercambios y responsabilidades comunes.

El primer encuentro con la escuela y con los profesores, así como la experiencia escolar de los niños, ayudan a los padres a tomar una conciencia más clara de su responsabilidad educativa. De este modo, se los estimula a participar en un diálogo en torno a los objetivos de la escuela y las directrices educativas, para que sus hijos sean fuertes, aptos y capaces de afrontar los constantes cambios de la vida.

Las familias de los niños con discapacidad piden apoyo a la escuela para potenciar los recursos y capacidades de sus hijos, a través del reconocimiento sereno de las diferencias y la construcción de ambientes educativos acogedores e inclusivos, para que cada niño encuentre una atención específica a partir de sus propias necesidades y así comparta con otros su camino de entrenamiento. La escuela infantil se propone, por tanto, como un contexto de relación, cuidado y aprendizaje, en el que la información que los niños extraen de sus experiencias puede ser filtrada, analizada y procesada.

El ambiente de aprendizaje promueve una pedagogía activa que se manifiesta en la posibilidad de que los niños accedan a materiales científicos y culturales diseñados para sus capacidades y en la competencia de los docentes para presentar el material y escuchar y prestar atención a cada niño, en el cuidado del ambiente, de gestos y cosas y en el acompañamiento hacia formas de conocimiento cada vez más elaboradas y conscientes.

El aprendizaje se produce a través de la experiencia y la exploración inteligente y curiosa del entorno de referencia, a través de las relaciones de los niños con la naturaleza, con los objetos, con el arte, con el territorio y sus tradiciones, a través de la reelaboración individual y colectiva de las experiencias y a través del juego y las actividades de ocio. Con el juego y el trabajo, los niños se expresan, cuentan historias, interpretan y combinan experiencias subjetivas y sociales de manera creativa. El ambiente de aprendizaje es organizado por los docentes de manera que cada niño se sienta interesado y pueda relacionarse fácilmente con las propuestas cognitivas y culturales presentadas. El ambiente externo se considera parte integral del contexto educativo, teniendo una función educativa de igual importancia en comparación con cualquier otro ambiente.

El método educativo aplicado por los profesores tiene en cuenta el desarrollo psíquico espontáneo de los niños y los ayuda con medios y materiales deducidos sobre todo de la observación de los niños y de la experiencia, sin forzar a nadie a una determinada actividad, pero animando a todos a encontrar sus propios motivos de interés para lograr el crecimiento personal a través de acciones y actividades realizadas con concentración. La vida de pareja se caracteriza por rituales y una convivencia serena para animar a los niños a encontrarse en el entorno y para cuidarlo y responsabilizarse de él. Las relaciones con los maestros y entre los niños son a la vez un factor protector importante y un promotor del desarrollo.

La Casa de los Niños organiza propuestas educativas y didácticas que amplían y dan forma a las primeras exploraciones, intuiciones y descubrimientos de los niños a través de un currículo explícito. Al mismo tiempo, la escuela hace uso de un currículo implícito compuesto por constantes que definen el ambiente de aprendizaje y lo hacen específico e inmediatamente reconocible.

El espacio

Es acogedor, cálido, bien cuidado, una expresión de la pedagogía y las opciones educativas de la escuela. Es un espacio que habla de los niños, su valor, sus necesidades de juego, movimiento, expresión, intimidad y sociabilidad, a través del entorno físico, la elección de muebles y objetos destinados a crear un arreglo funcional y acogedor para ser habitado por los niños.

El espacio exterior debe ser explotado cotidianamente y valorado por la posibilidad fundamental y única que ofrece a los niños y niñas de entrar en relación con el espacio natural y físico no creado por el hombre y la tecnología. Gracias al contacto con el medio exterior se promueve el nacimiento de la observación científica y la toma de conciencia de los valores ecológicos y las relaciones cósmicas.

El principio fundamental del método es la necesidad de organizar los espacios y el mobiliario de manera que sean acordes con las capacidades de desarrollo del niño. Serán ambientes y espacios a conquistar, en los que se favorezca y promueva el movimiento sin necesidad de pedir ayuda, facilitando así la orientación y la conciencia de ser dueños de los objetos que se ofrecen. Las escuelas Montessori ofrecen objetos que son fáciles de mover, del tamaño correcto, frágiles y que denuncian el error. Su utilización correcta se convierte en la guía, pero no sólo eso, también ayuda al niño a construir confianza en sí mismo, ya que puede experimentar y adquirir competencias.

El clima

El clima debe ser «relajado», para que sea posible que el niño juegue, explore, converse, observe, escuche, comprenda, crezca con confianza y tranquilidad, se sienta con el control de sí mismo y de las actividades que experimenta y de las que practica. De esa forma, el niño puede descubrir y experimentar su propio tiempo existencial sin ralentizaciones ni aceleraciones inducidas por los adultos.

Documentar

Producir trazos, memoria y reflexión, visibilizar métodos y caminos de formación, poder acompañar aprendizajes individuales y grupales son formas privilegiadas de participar y tomar conciencia del trabajo que realiza el niño. Documentar es fundamental para construir un sentido de pertenencia dentro de la dimensión en la que el niño vive la mayor parte de su tiempo.

El estilo educativo

El estilo educativo se basa en la observación y la escucha, en la planificación desarrollada colectivamente, en la intervención indirecta y dirigida. La escuela infantil experimenta libremente con su propia organización, la formación de grupos y secciones y las actividades interseccionales según las opciones pedagógicas, la edad y el número de niños y los recursos humanos y ambientales a su disposición.

La participación

Ésta es la dimensión que posibilita establecer y desarrollar vínculos de corresponsabilidad, para fomentar el diálogo y la cooperación en la construcción del conocimiento. Estos aspectos promueven las primeras adquisiciones importantes de la vida social: respetar los roles, aceptar las reglas del trabajo, organizar la división del trabajo y las leyes que de ella se derivan. El niño experimenta en un ambiente de relaciones diferente al familiar, ya que en este contexto el trabajo es con iguales. En la escuela infantil, el niño construye su ser social afrontando también los primeros grandes esfuerzos y frustraciones derivados de su aceptación por el grupo, de la construcción de un rol participativo.

La observación

El aspecto científico del método se encuentra en la capacidad del docente de observar las necesidades e intereses de los niños para poder hacer efectivo y receptivo el gesto educativo, sin olvidar los niveles y ritmos cognitivos de cada uno. De ahí se derivará una buena organización, y en ese contexto el educador pasará casi desapercibido y al mismo tiempo será un modelo.

Las zonas de la Casa de los Niños

Una escuela Montessori se distingue principalmente por la presencia de materiales científicos, es decir, se caracteriza por leyes y criterios que el niño analiza, experimenta y manipula. El movimiento será la herramienta fundamental para su aprovechamiento. En esta etapa de desarrollo, las actividades de lenguaje son muy buscadas, el niño sigue perfeccionando su vocabulario, investiga escuchando y le encanta contar historias. Los libros despiertan grandes pasiones y el pequeño siente un fuerte deseo de comprender el lenguaje escrito, así como de dominar la habilidad de escribir. Analizar, asociar, agrupar, cuantificar se convierten en acciones lúdicas. Desde temprana edad, el niño comprende e investiga las relaciones entre los objetos, haciéndose cada vez más hábil. Entrena constantemente su mente entrenando el cuerpo, y la acción impulsora de los grandes procesos de movimiento sienta las bases de la mente lógico-matemática.

> Si se quiere reformar el sistema educativo, se debe partir del niño mismo.
> María Montessori,
> *Educare per un mondo nuovo*

Material sensorial

Partiendo de la concepción de los sentidos como órganos que captan las percepciones del entorno, Maria Montessori ha creado una serie de materiales, siguiendo la lección de Itard y Seguin, estructurados y estudiados científicamente para la educación y perfeccionamiento de los sentidos, como ayuda al desarrollo psicofísico y a la expansión del conocimiento, que amplían el campo de la percepción y ofrecen estímulos para la inteligencia.

Los materiales sensoriales brindan ayuda al niño, permitiéndole orientarse en el mundo para distinguir, aclarar, generalizar y clasificar. Los materiales sensoriales se agrupan de acuerdo con una determinada cualidad física, lo que permite que el niño se concentre sólo en eso. Esta manera de proceder ofrece una gran claridad a la hora de diferenciar las cosas y despierta el interés espontáneo del niño por distinguir las diferentes características.

Para detectar mejor las cualidades individuales, sabemos que aislando los sentidos obtenemos mejores resultados. Las cualidades físicas del material Montessori y la cuidada preparación nos ofrecerán por tanto las mejores condiciones para realizar el trabajo. El material sensorial exhibe características que deberían extenderse a muchos de los objetos que rodean al niño en un ambiente de aprendizaje. Veamos cuáles son.

★ El control del error

Los materiales contienen en sí mismos el control del error para permitir al niño autocorregirse y desarrollar el razonamiento, la criticidad y el refinamiento de habilidades. El bloque de encajes macizos, por ejemplo, que se le ofrece al niño para que haga suyo el concepto de grande-pequeño, está formado por diez cilindros que hay que introducir en otras tantas cavidades y, si el niño se equivoca en alguna combinación, el material mismo informará del error. El razonamiento acompañará las acciones del niño, quien pondrá en práctica una observación crítica de cada elemento y afinará cada vez más la capacidad de distinguir y analizar la realidad circundante.

Los niños se desarrollarán de la siguiente manera:

★ El sentido de la vista (dimensiones, formas, colores).
★ El sentido auditivo (ruidos y sonidos).
★ El sentido del tacto (bárico, térmico, estereognóstico).
★ Los sentidos gustativo y olfativo; sonido y movimiento (el movimiento es la base de la utilización de los materiales y la memoria muscular se estimula y fortalece continuamente).

La estética

Una característica inherente a todo material Montessori es el cuidado estético. Los materiales son atractivos gracias a la elección de colores, la mano de obra, el material, la forma, el brillo… Este cuidado se extiende a todo objeto presente, mesas, sillas y objetos: «Y el niño obedece a aquel objeto que corresponde en ese momento a su más viva necesidad de acción. Así, en un campo, los pétalos de todas las flores llaman a otras vidas con sus olores y colores, pero el insecto elige la flor que está hecha para él».[1]

La actividad

La capacidad del material para retener al niño con interés no está dada por la calidad, sino por la posibilidad de que el niño actúe. El movimiento es la base de todo proceso de aprendizaje. Las manos, pero no sólo eso, todas las acciones del niño deben estar organizadas en recopilar información, compararla, sacar conclusiones y luego volver a hacer y deshacer.

---

1. M. Montessori, *La scoperta del bambino*, Garzanti, Milán, 1948, pp. 114-115.

⋆ Los límites

Esta última característica de los materiales es quizá una de las menos obvias y más interesantes. Maria Montessori aclara que el niño no necesita ser despertado ni estimulado, porque ya está predispuesto y listo para recibir innumerables informaciones del entorno que lo rodea: lo que se convierte en una necesidad en el proceso de aprendizaje es poner en orden toda la información recopilada. Por lo tanto, necesita una guía, un camino que lo acompañe al orden, a catalogar la información recopilada contextualizándola y así poder aprovechar una verdadera riqueza de conocimiento. El material es pues limitado (diez piezas), las ayudas son medidas y no estorban, en el ambiente está lo necesario y no lo superfluo. Los objetivos del material sensorial conducirán al niño hacia la abstracción, el análisis, la atención, la concentración (la capacidad de distinguir, discriminar, comparar, medir, clasificar, serializar, generalizar).

Psicogramática

En la escuela infantil lo que se identifica como finalidad y objetivo final es la actividad preparatoria para la escritura y la lectura: el pregrafismo fundamental.

Maria Montessori plantea cómo es posible organizar un contexto adecuado para que los niños los introduzcan y guíen de manera interesante a las reglas de nuestro idioma, es decir, la gramática. Cuando el niño llega a la Casa de los Niños ya tiene una gramática propia que ha adquirido espontáneamente, por lo que será guiado en un proceso de descubrimiento de los mecanismos que ya tiene en uso. También para este tipo de aprendizajes los materiales ofrecerán las características de las que ya hemos hablado: acción, límites, control de errores, uso de los sentidos.

La «psicogramática» se construye, por tanto, sobre la actividad directa e insustituible del niño y se fundamenta en un ejercicio esencialmente ligado a la acción, a los objetos, a la experimentación. Las acciones serán experiencias vivas y atractivas a través de las cuales el niño adquirirá conciencia de las reglas que subyacen a su propio lenguaje.

La tarea de la escuela infantil será preparar las manos de la mejor manera posible para el instrumento de escritura, para que pueda trazar formas y letras sin esfuerzo y para luego componer, escribir y leer. El entorno y la oferta didáctica enriquecerán las propiedades del lenguaje gracias a nomenclaturas clasificadas y juegos lingüísticos para el descubrimiento de la función lógica, comunicativa y gramatical del lenguaje. La preparación directa e indirecta para la escritura se realizará gracias a materiales muchas veces autoconstruidos por el docente. El análisis de los sonidos y la subsiguiente explosión de la escritura, así como la transición de la lectura de la palabra a la oración, no tendrá el mismo momento para todos los niños; cada uno seguirá su propio ritmo y utilizará diferentes estrategias y rutas. El juego de comandos, los juegos gramaticales intuitivos (función, posición, símbolo), las cajas gramaticales, la primera tabla de análisis lógico (material fijo y móvil), las tablas de sufijos y prefijos… serán auténticas actividades lingüísticas en las que el niño aprenderá probando con la mano una y otra vez. El uso del libro con el que fomentar la lectura, la conversación y la escucha siguen siendo una constante, y de ella derivará el arte de interpretar y analizar imágenes. Los objetivos alcanzables serán:

★ Dominio fonético y dominio grafémico.
★ El lenguaje como denominación y clasificación.
★ La construcción de las palabras y sus variaciones semánticas.
★ El análisis del lenguaje y el análisis del pensamiento.
★ La función comunicativa con narración y autonarración, lenguaje y vida simbólica.

Manteniendo las características de esta oferta, será posible combinar varios idiomas en el día a día de la Casa de los Niños; los niños y las niñas, por ejemplo, podrán estar expuestos al idioma inglés en todas las actividades propuestas y en los momentos fundamentales del cuidado personal. El profesor, experto en el idioma, se comunica exclusivamente en inglés mostrando acciones y realizando actividades que los niños y las niñas ya han asimilado y abordado en gran medida en su lengua materna.

Durante el día se proponen actividades rutinarias junto con actividades más específicas que permiten al niño absorber nuevas palabras y expresiones y experimentar curiosidad por nuevos sonidos al escuchar cuentos y canciones en inglés.

La mente absorbente del niño lo hace capaz de memorizar lo que escucha sin dificultad, con pleno respeto de sus ritmos y mediante el aprendizaje natural por inmersión. El proyecto tiene como objetivo mejorar al niño y sus experiencias en primer lugar para apoyarlo no sólo en la realidad clásica de la vida cotidiana, sino también en situaciones nuevas.

El enfoque utilizado, de acuerdo con las necesidades de los distintos grupos de edad y necesidades primarias, está dirigido a hacer que el niño experimente un mundo nuevo de manera natural y lúdica, que en este caso es el del idioma inglés.

Por lo tanto, la propuesta se basa en los siguientes fundamentos:

★ Fonético (escuchar).
★ Léxico (memorizar).
★ Comunicativo (expresión libre dirigida a interactuar con los demás).

Psicoaritmética y psicogeometría

Esta área también es ofrecida y representada en el entorno mediante materiales científicos, estudiados en detalle. Durante la escuela infantil, el niño se concentra en construir su mente lógico-matemática gracias a continuas experiencias en el entorno que lo llevarán a conceptos cada vez más abstractos. La ingeniosa intuición de los materiales matemáticos parte de principios· aparentemente muy simples. Dentro de la Casa de los Niños, los niños llegan a dominar las cuatro operaciones en su expresión más simple, trabajando con números y gracias a la posibilidad de

manejar conceptos materializados. Por ejemplo, los números del uno al diez representados por los juegos numéricos de piezas de madera, en su sencillez, ofrecen la posibilidad, gracias a la gama cromática que permite determinar el número representado, de tener dentro de un único objeto la idea de múltiples elementos.

Así, de una forma muy clara y sencilla, el niño se enfrenta a la idea de todo y de valor, que hará suya sin que el profesor tenga que explicarle verbalmente el concepto: bastará con ofrecerle al niño la simple manipulación de ese concepto a través del material concreto.

Con este principio claro, el material psicoaritmético evoluciona hacia el sistema de las cuentas, posibilitando la expansión de las cantidades manteniendo el principio de precisión y fácil accesibilidad del niño a conceptos cada vez más complejos. El sistema decimal se ofrece así y se pone a disposición de tal manera que esté al alcance de todo interés y de todo momento de aprendizaje. Los símbolos matemáticos se convertirán en una idea comprensible y clara. Representar, crear relaciones, estable-

> Cada individuo se ejercita con vivo interés, y el progreso le llega a cada uno según el dictado interior que le provoca la necesidad de desarrollarse. Esto lleva a los individuos a diferentes niveles de maduración. Como consecuencia de la libre elección, se llega a un progreso mental que es lógico y sistemático.
> Maria Montessori, *Psicoaritmetica*

cer causas y efectos, agrupar, distribuir, serializar, ordenar son procesos que el niño construye aprovechando todos los espacios que se le ofrecen. Las actividades de motricidad fina y de la vida práctica, por ejemplo, sentarán las bases mismas de la mente lógico-matemática.

Ya está establecido que toda enseñanza no procede sola y separada como solemos pensar en una enseñanza de tipo tradicional: «Todo tema de cultura puede compararse a un hilo de agua que brota de un manantial, se hincha, desaparece a ratos bajo las piedras, luego vuelve a salir, se une a otros riachuelos, se aísla de nuevo, antes de convertirse en un río que finalmente ha tallado sus propias orillas».[2] En esta fase evolutiva los conceptos aritméticos y geométricos ahora se separan ahora se unen, los niños del jardín de infancia son sensibles a los logros tanto sensoriales como motores, en los que los sentidos, el lenguaje y la coordinación se mezclan creando un interés continuo.

El movimiento sigue siendo una necesidad esencial de aprendizaje. Las formas geométricas propuestas sistemáticamente ofrecen la posibilidad de ordenar de manera sistemática, en conceptos reales, una serie de información que el niño ya ha recogido y absorbido del entorno. La armonía de las formas, colores y características de cada material ofrecido facilita y permite que el niño aprecie tanto las características estéticas como los principios que en ellas se materializan. El lenguaje matemático representa así el orden de las cosas.

---

2. M. Montessori, *Psicogeometría*, Opera Nazionale Montessori, Roma, 2011, p. 8.

Actividades de motricidad fina

En las escuelas Montessori, en el grupo de 0 a 3 años, los ejercicios de movimiento de manos son fundamentales para satisfacer la necesidad de coordinación y de control psicomotor (abrir/cerrar, meter/sacar, insertar/extraer, atornillar/desatornillar). En el caso del niño muy pequeño, estas primeras acciones sobre el entorno parten de una necesidad de descubrimiento impulsada y alimentada por una fuerte energía. Maria Montessori llama a estas primeras acciones «balbuceos del hombre trabajador». La tarea del adulto será seguir alimentando este deseo de descubrimiento y superación.

Los intereses cambiarán durante el crecimiento y el niño tendrá cada vez más experiencia y ganas de probar suerte en actividades cada vez más complejas, en las que los ejercicios de motricidad fina se convertirán en actividades de la vida práctica, es decir, acciones cotidianas que el niño normalmente observa dentro del entorno doméstico.

Prácticas sencillas de bricolaje (lijado, ensamblado, pintado) son útiles para afinar los movimientos, desarrollar la coordinación ojo-mano, la autonomía, la independencia, el ejercicio de la voluntad, la concentración, la inteligencia. Las propias actividades artísticas representan un acervo fundamental de experiencia en esta fase: explorar formas, tamaños, colores, componer colores y escalas cromáticas, ejercitar la mano como órgano motor del trazo. Utilizar los accesorios metálicos para entrenar la mano con precisión y sin esfuerzo llevará al niño a la libre representa-

ción de decoraciones y creaciones. El propio dibujo espontáneo puede disfrutar de ayudas indirectas. Algunas actividades, como pegar, cortar, perforar, realizar *frottage*, troquelar, están siempre presentes mientras que muchas otras se alternan y se suceden, ofreciendo estímulos que siempre responden al interés del niño.

El dibujo espontáneo «cuenta», «nos cuenta», o permanece en secreto en cada pequeña mente, pero siempre tendrá la posibilidad de representar concretamente el desarrollo de la mano del niño que, con una serie de elementos y secuencias, nos mostrará una habilidad en constante crescendo.

También la expresión plástica con diferentes materiales y técnicas estará siempre presente, ya que la manipulación además de representar un gran placer de exploración sensorial en el que el niño mide la elasticidad, la fuerza, la presión, también ofrece la posibilidad de expresar su creatividad y sus representaciones.

El dominio de la mano se convierte así en dominio del trazo, de la composición, de la expresión.

En cuanto a las actividades expresivas, el entorno estará acondicionado de tal manera que ofrezca a los niños la posibilidad de encontrar más materiales, más lenguajes, más puntos de vista, y tener las manos, los pensamientos y las emociones activas al mismo tiempo, potenciando la expresividad y la creatividad de cada niño y del grupo.

Las artes pictóricas, con la copia del natural,

brindan la oportunidad de la observación y del estudio de materiales, objetos, frutas y vegetales a través del uso de diferentes herramientas (lápices, pinturas, acuarelas, tizas, ceras, crayones al óleo, bolígrafos, rotuladores, etc.), y permiten que el niño establezca dimensiones, orientación, profundidad, matices, presión de la mano.

La constructividad con la que el niño puede utilizar diferentes materiales (material reciclado y recuperado, pequeñas piezas de construcción que encajan unas con otras, construcciones en madera o corcho, etc.) permite la realización de un proyecto o la investigación de sus procesos. Los niños reciben herramientas para una investigación exhaustiva, como la mesa de espejo y la mesa de luz.

La habitación de la gran exploración

Además de la riqueza de ofertas descrita hasta ahora, en la Casa de los Niños puede ser útil y rentable disponer de un «espacio para la gran exploración». Esta sala nació gracias al valioso trabajo realizado por Ute Strub, fisioterapeuta que luego recurrió a la investigación pedagógica experimental, que tiene como objetivo brindar al niño un espacio en el que afinar su motricidad fina y gruesa con actividades y métodos que difieren de los presentes a diario en el ambiente y para favorecer el desarrollo sensorial.

Grupos pequeños

La «gran sala de exploración» se presenta como un entorno en el que se accede en pequeños grupos (diez niños cada vez), compatibles con el tamaño de la sala.

La maestra, siempre presente en la sala, se encargará de ambientarla previamente con el elemento que quiera poner en el centro de la exploración.

Arena, paja, hojas secas…

Para este tipo de trabajo, elementos como la arena, para el desarrollo de la motricidad fina, o la paja, que favorece el movimiento grueso son perfectos. De la idea original de este montaje nacieron entonces elaboraciones que fusionaban tanto el enfoque de Reggio como la intención de Ute Strub, y que también contemplan el uso de otros elementos: hojas secas para explorar ruidos, olores y colores, luz y oscuridad, sonido y cualquier cosa que pueda despertar el interés del niño.

Herramientas y utensilios

En este tipo de actividad es fundamental disponer también de herramientas y utensilios aptos para la exploración, según el elemento que se ofrezca. Una vez en la sala, los niños son libres de explorar y trabajar con el elemento, tanto individualmente como en grupo.

Poner en orden

Se ponen a disposición escobas, recogedores y cestos para la limpieza. Además del desarrollo motor y sensorial, este tipo de actividad ofrece numerosas posibilidades de juego simbólico que conducen a un importante desarrollo del lenguaje y de las interacciones personales.

Enfrentarse a los materiales

En esta oferta, a diferencia de una exclusivamente Montessori, el niño tendrá la oportunidad de enfrentarse a un material no estructurado con el que podrá construir, a través de la exploración, el camino cognitivo que prefiera y que el material le sugiera.

La vida práctica

Maria Montessori afirma que el trabajo mental siempre debe ir acompañado de sensaciones de verdad y belleza que lo reviven y de movimientos que
pongan en práctica ideas y dejen huellas en el mundo exterior, en el que las
personas deben ayudarse unas a otras. En este pensamiento encontramos
resumido el significado profundo de la vida práctica, tal como la misma
Montessori ha sabido hacerla factible y de fácil acceso para todos los niños. Esto pasa por recrear un ambiente de «escuela» similar a un ambiente
de «casa», un entorno familiar, pero relacionado con el niño en todo, tanto
física como cognitivamente. La educación de los movimientos se convierte
así en la educación de la personalidad.

El movimiento es esencial a la vida, por lo tanto, la educación no puede
moderarlo ni comprimirlo, sino que debe convertirse en una ayuda para
gastar esa energía de la mejor manera. Los ejercicios de la vida práctica se
convierten así en una verdadera gimnasia, en un gimnasio. En la Casa de los
Niños, los objetos se mueven continuamente con un objetivo inteligente,
con un propósito a alcanzar. Enrollar una alfombra, lavar la ropa, barrer el
suelo, moler cereales, moler los granos de café… representan un verdadero
«trabajo». No es el trabajo del adulto que va siempre encaminado a un producto final, sino un trabajo sosegado a través del cual el niño se construye a
sí mismo y gracias al cual ordena energías, encauzándolas hacia un propósito que conduce a la autorrealización y a la disciplina espontánea.

Los objetos serán elegidos con cuidado, el mismo cuidado estético será
un elemento importante para captar la atención del niño, casi parece que
cada objeto sea capaz de hablar diciéndole al niño: «Utilízame». Este material estará dirigido al cuidado no sólo del entorno, sino del propio niño.
El autocuidado resulta así una gran conquista de autonomía y bienestar.

La vida práctica también ofrece grandes oportunidades para las relaciones sociales: respeto por los tiempos de todos, acuerdo, sentido de la responsabilidad, posibilidad de valerse de la ayuda de los compañeros y del adulto
de referencia. La particularidad de que cada actividad se ofrezca de manera
única supone mucha concordancia y respeto por los tiempos de todos, y al

mismo tiempo no está falta de oferta, sino que prevé un cúmulo de posibilidades que el entorno podrá aprovechar, ya que el lugar lo ocupa una gama más amplia de actividades.

Con el objetivo de fomentar la experimentación y la autonomía en una dimensión «doméstica», se puede ofrecer a los niños un taller de cocina al menos una vez a la semana, en el que en pequeños grupos exploren, experimenten y practiquen recetas, crudas y cocinadas. El trabajo propuesto ofrece conexiones con indagaciones realiza-

das en otras áreas: por ejemplo, mientras se estudian frutas clasificadas, se preparan melocotones rellenos.

Los lazos y conexiones con diferentes informaciones y culturas se convierten en un valioso enriquecimiento, acompañado de una dimensión sensorial muy agradable. A partir de las materias primas, a través de una lección de lenguaje, los niños utilizan nuevas nomenclaturas, aprenden con extrema precisión las diferencias entre las distintas frutas, verduras, cereales, especias, hábitos e incluso sabores. Observando estas actividades en las que el protagonista es el movimiento y cuya finalidad es práctica, advertimos un secreto especial del éxito: el niño es llevado a buscar la precisión, la exactitud en cada acto que realiza. De ello se deduce nuevamente el significado profundo de la vida práctica, gracias a la cual, con una apelación externa, el niño satisface una profunda necesidad de organización.

Cómo ofrecer el mundo al niño

Los objetivos esenciales de la escuela infantil se refieren a conceptos fundamentales de la existencia del hombre inserto en un ecosistema. Son muchos los conceptos que el niño desea hacer suyos y sobre los cuales comienza a construir investigaciones detalladas, como el concepto del tiempo, del ego y del tiempo social: pasado, presente, futuro, la medida del tiempo cronológico, tiempo biológico, tiempos y ciclos de la naturaleza, el tiempo de la civilización a través de la historia material (herramientas, hogar, transporte, medios de protección, etc.).

Y luego está el espacio del yo, espacio social, espacio bidimensional y tridimensional, espacio representado, espacio medido, espacio del mundo: constitución y formas (agua, tierra, continentes, penínsulas, islas, ríos, montañas, volcanes, llanuras, etc.). Los organismos vivos, con sus funciones y sus necesidades. El cosmos y los aspectos de nuestro planeta pueden ser representados por instalaciones o elementos que nos rodean cada día,

en el aula, en el jardín, en el territorio: el estanque, la huerta, la granja… El lenguaje científico de la naturaleza, como nomenclaturas y clasificaciones, es de uso cotidiano. Así podremos iniciar al niño a comprender las constantes cósmicas, a acercarse a la visión de interdependencia y ecosistema en los procesos evolutivos humanos y naturales, a observar y experimentar entre el cuento y la realidad.

La tradición de las escuelas Montessori de construir y contar la historia de cada individuo que les pertenece es el ritual del cumpleaños. La persona perteneciente a un sistema articulado se convierte en la protagonista de esta representación. No es necesario que la maestra entre en explicaciones científicas detalladas, sino que la historia que comienza se convierte en sí misma en motivo de investigación por parte del niño que, momento tras momento, sumará piezas valiosas en la construcción de una realidad veraz de los fenómenos que le rodean.

Los niños aprenden que un año es el tiempo que tarda la Tierra en dar una vuelta alrededor del Sol. También escuchan y cuentan la historia de su vida con la ayuda de fotografías. Además de las fotos del cumpleañero, se necesita un globo terráqueo y una vela. Nos disponemos en círculo o en elipse para simbolizar la órbita de la Tierra alrededor del Sol. Se enciende la vela que simboliza el Sol (el Sol es una gran esfera de fuego que sigue ardiendo sin apagarse nunca), el cumpleañero coge el globo, que representa la Tierra, y camina lentamente por el círculo de compañeros, mientras la maestra dice: «Este globo simboliza la Tierra, el planeta en el que vivimos. La Tierra gira alrededor del Sol y tarda mucho tiempo en completar su recorrido. Cada vez que el camino termina, ha pasado un año. La Tierra tarda un año en dar una vuelta alrededor del Sol».

Y luego: «¡Hoy es el cumpleaños de Matteo, celebrémoslo de una manera especial! Contemos su historia…». La maestra continuará la historia mostrando las fotos traídas por el niño (una foto por cada año de vida) y las pasará a los niños que son espectadores de la historia. «¡Hace cinco años nació Matteo! Su madre lo dio a luz en el hospital de Turín…».

La ceremonia se puede concluir cantando una canción de

buenos deseos e invitando al cumpleañero a apagar la vela, una vela que se utiliza en los cumpleaños y que representa la luz que nos da calor cada día. De este ejemplo deducimos que áreas como la biología, la zoología u otras disciplinas no representan nociones a estudiar, sino ideas para actividades reales de conocimiento con las que el niño comenzará a orientarse en el mundo y sus fenómenos.

El niño entra en la Casa de los Niños guiado por dos fuertes tendencias, una para apropiarse del entorno mediante la realización de actividades, la otra para perfeccionar y enriquecer los logros ya realizados. Gracias a este refinamiento constructivo, el niño pasa del inconsciente al consciente.

El papel de la maestra Montessori

Podríamos escribir páginas y páginas sobre educación y podríamos dedicar muchas de ellas a la figura y el papel que debe tener el adulto en un entorno construido y diseñado exclusivamente para satisfacer las necesidades del infante, niño o joven. ¡Qué responsabilidad! Y cuánta atención presta el público a este adulto que inevitablemente encarna modelos, ejemplos, ansiados roles, manteniendo en sí mismo el sentido de refugio seguro y referencia.

Desde el inicio de sus estudios, Maria Montessori se ha interesado por la figura de la maestra, reconociendo la importancia de esta profesión, por ejemplo, en situaciones en las que los niños eran discapacitados. Una de las primeras frases con las que la doctora se refiere a esta figura decía: «En lugar de la palabra, (ella) debe aprender el silencio, en lugar de enseñar debe observar; en cambio, frente a la orgullosa dignidad de quien quiere parecer infalible, asume el disfraz de la humildad».[3]

La maestra tiene la difícil tarea no sólo de organizar espacios y materiales, sino también de garantizar el tiempo de trabajo. Ofrecer un análisis ordenado tranquiliza a los niños y al mismo tiempo favorece la alternancia de los tiempos de trabajo individual y los tiempos de trabajo colectivo. Construir referencias para orientarse en una dimensión temporal tranquiliza al niño a nivel afectivo y emocional; cuanto más pequeño es el niño, más se convierten las rutinas en referencias tranquilizadoras. Y aquí el tiempo educa, la experiencia dentro de un sistema tranquiliza e independiza al niño. Maria Montessori compara al docente con el científico, examinando cuáles son las características de un *modus operandi* propio de un método científico, pero al mismo tiempo señala que el rol del docente requiere mayores habilidades, ya que el objetivo de esta cuidadosa acción se refiere a la vida del niño. La preparación será, por tanto, fundamental, así

---

3. M. Montessori, *L'autoeducazione*, Garzanti, Milán, 1970, p. 113.

como la capacidad de observar con paciencia, ya que sólo la observación sistemática y dirigida podrá dar resultados fiables, sin olvidar lo diferente que es observar la vida a observar los fenómenos.

El recorrido para convertirse en maestra Montessori pasa por una formación en la que el estudio, la reflexión y la práctica contribuyen al conocimiento no sólo del niño y sus necesidades, sino también de uno mismo. La condición espiritual inherente a este papel, en el que la relación con los demás será una constante cotidiana, será decisiva para el cumplimiento efectivo de esta misión. El trabajo, la actividad, debe permanecer con el niño, dado cómo se ha estructurado el entorno. Se requerirá poca intervención de la maestra, no se necesitan sugerencias ni correcciones: la maestra sigue siendo una guía dispuesta a ayudar sin forzar. Además de conocer muy bien los materiales, la maestra deberá cuidar el orden, supervisar para asegurar la máxima concentración de los niños y dar lecciones continuas.

La lección Montessori permite que el niño se comunique con el material, a través de una demostración real de cómo utilizarlo, y es un paso fundamental que en las escuelas Montessori se denomina «presentación» del material. Posteriormente será el niño quien utilizará el material proponiendo los mismos gestos y las mismas acciones, construyendo así una conciencia basada en la autoestima y la confianza en las propias capacidades.

Pero ¿cómo se mueve generalmente el adulto a los ojos del niño? El adulto es competente, también se mueve con rapidez y confianza y, con demasiada frecuencia, tan rápido que el niño no lee todos los gestos y no comprende todos sus significados. O peor aún, el adulto adopta prácticas incultas o imprecisas. Entonces, ¿qué características debe tener nuestra presentación Montessori? En palabras de Maria Montessori, «Toda acción compleja tiene momentos sucesivos claramente distintos entre sí; un acto sigue a otro. Tratar de reconocer y ejecutar esos actos sucesivos con exactitud y por separado es el análisis de los movimientos»,[4] y también: «El análisis de los movimientos debe combinarse con la economía de los mo-

---

4. M. Montessori, *La scoperta del bambino*, op. cit., p. 96.

vimientos: no realizar ningún movimiento superfluo para el objetivo, es, finalmente, el supremo grado de perfección».[5]

Incluso el adulto tendrá, pues, que practicar, y el suyo no será sólo un estudio teórico, sino también un ejercicio práctico de movimientos y gestos, sólo así podrá hacer efectivo el acto educativo y eliminar cualquier probable obstáculo.

Como adultos, debemos estar siempre atentos a aquellos sentimientos que puedan surgir espontáneamente en la relación con el niño. Abstenerse de juzgarlo no es una etapa fácil de alcanzar y debe ser conquistada continuamente, sobre todo cuando surgen dificultades. Para ello no serán las lecturas fáciles y rápidas las que nos ayudarán, sino sólo la larga expe-

---

5. M. Montessori, *La scoperta del bambino, op. cit.*, p. 97.

riencia de análisis, escucha y observación las que nos permitirán tener una mirada libre de juicio.

La forma más fácil de centrarnos en quienes nos rodean es silenciarnos a nosotros mismos. No serán nuestras necesidades como educadores las que nos moverán, sino las necesidades del niño que tenemos delante, el niño se convertirá así en el verdadero protagonista del acto educativo. Toda maestra Montessori espera no intervenir y al mismo tiempo ser un apoyo válido para cada niño: «Frente a la orgullosa dignidad de quien quiere parecer infalible, asume el disfraz de la humildad».[6] La arquitectura de la Casa de los Niños se basa en esta maestra, en su humildad y al mismo tiempo en su competencia, y es un lugar donde cada niño puede convertirse en quien es en el fondo.

Para recordar

★ El material didáctico Montessori se crea de manera experimental de acuerdo con el desarrollo psíquico del niño.

★ Maria Montessori considera que el material es una 'abstracción materializada, ya que representa unas características concretas que el niño puede analizar a través de la experiencia, alimentando así la inteligencia. Los sentidos y el movimiento sirven al proceso de aprendizaje e involucran al niño en un desarrollo armonioso y funcional. En las condiciones adecuadas, el niño clarificará y captará las características esenciales distinguiendo entre lo aleatorio y lo significativo. El material representa, pues, la guía profunda para el desarrollo de la mente.

---

6. M. Montessori, *L'autoeducazione*, cit., p. 113.

Testimonio
de tres estudiantes

Agnese, Matteo y Tommaso, de 9, 7 y 7 años respectivamente, tres años en una guardería Montessori, y tres años en la Casa de los Niños estatal ahora en una escuela primaria pública Montessori

De la guardería infantil Montessori lo que más me ha quedado en la cabeza son las maestras porque nos hacían elegir con qué materiales trabajar.

Si puedes elegir en qué trabajar, te sientes más libre y puedes practicar en lo que te sientes débil o aún no sabes cómo hacerlo.

Me gustaba rallar pan y moler café, así podemos empanar pollo en casa o llevarle café al abuelo.

También me gustaba lavar la ropa, frotar el jabón sobre la ropa y lavarla con el cepillo.

También era agradable limpiar las ventanas y quitar el polvo. Lavar la muñeca era divertido, ¡tienes un bebé de plástico que tienes que lavar con una toallita! Lavar los platos también me parecía relajante.

Me gustaba mucho fregar. Lavar la muñeca y hacer actividades prácticas de la vida también es útil a medida que creces.

Me gustaba cortar los plátanos y pelar las manzanas que luego nos comíamos y éramos nosotros los que poníamos la mesa y servíamos la comida. La costura también era bonita, pero era un poco difícil porque le tenía un poco de miedo a la aguja, aunque tenía la punta grande.

Recuerdo bien cuando escuchábamos música.

En la escuela a los 4 años aprendí a abrochar botones.

Afuera también teníamos una huerta, da gusto ensuciarse las manos con tierra. Y cuidar la naturaleza es importante, al regar nuestro jardín también le dábamos agua a las plantas cercanas.

Era muy bueno llevar a casa lo que crecía gracias a nuestro cuidado y hacer un té de hierbas con la manzanilla que crecía en el jardín.

Las maestras nos ayudaban a hacer los materiales de matemáticas, utilizábamos tablas para entender los números pares e impares.

Ahora estamos en una escuela primaria Montessori y hemos encontrado muchos materiales y aún podemos tener muchos momentos de libre elección, ¡pero extrañamos las actividades de la vida práctica!

Conclusión

Sonia Coluccelli

Escribo la conclusión de estas páginas en tiempos de guerra, migración, pandemia, tiempos en los que la educación y la escuela están continuamente llamadas a desempeñar su propio papel. Porque incluso el silencio asume una posición frente a las preguntas que los niños y niñas llevan dentro de sí mismos en todas partes, y por tanto también en la escuela y en la familia, lugares donde ser adulto no es sólo una cuestión de edad, sino una responsabilidad que puede determinar el futuro de los que ahora dan sus primeros pasos en el mundo.

Es necesario preparar científicamente la paz a través de la educación –si pienso en el verdadero legado que nos deja Maria Montessori, creo que sólo puede ser éste–, es decir, tratar de actuar como adultos movidos por una intencionalidad educativa que tiene un futuro mejor que el presente: «Cuando la moral lleve a las generaciones venideras el sentimiento de apego no sólo a la patria, sino a la humanidad entera, se construirán los cimientos del amor y de la paz […]. Los hombres ya no pueden permanecer ignorantes de sí mismos y del mundo en que viven: y el verdadero flagelo que los amenaza hoy es precisamente esta ignorancia. Es necesario organizar la paz, preparándola científicamente a través de la educación».[1]

La tumba de Maria Montessori, fallecida en mayo de 1952, lleva un epígrafe que nos deja a cada uno de nosotros de manera aún más explícita un legado claro, elevado, difícil: «Os ruego, queridos niños, que todo lo podéis, que me acompañéis en la construcción de la paz en los hombres y en el mundo». Paz en los hombres, no (sólo) entre los hombres. La paz de cada hombre consigo mismo, dentro de sí mismo, para poder ser pacificador en el mundo.

En la cita anterior encontramos el mismo punto de partida, donde habla de no poder permanecer en la ignorancia de uno mismo y del mundo: no sólo introspección, no sólo militancia, sino una especie de danza entre la autoconciencia y la responsabilidad (ser capaz de dar una respuesta) colectiva.

---

1. M. Montessori: *Educazione e pace, Convegno internazionale 3 ottobre 2015*, Il leone verde, Turín 2016, p. 105.

Según Maria Montessori, esta condición se construye desde la más tierna infancia, no a través de largas y detalladas explicaciones que bordean el sermón, sino a través de un camino en el que la dignidad de los que tienen menos poder (y los niños se encuentran en esta posición durante mucho tiempo) no es pisoteado por los que tienen más; un camino en el que el valor de cada uno sea el punto de partida y de llegada de quienes los acompañan para aprender y convertirse en hombres y mujeres dispuestos a salir al mundo y hacer de él un buen lugar para vivir.

Así, en el balance de las muchas cosas vividas y observadas como adultos con más que una función educativa, queda como último legado esta referencia: la responsabilidad por el futuro de la comunidad humana y la tarea profética de la escuela y de la familia, profecía que nos confía Milani, cuya historia acaba de rozar la de Maria Montessori, un encuentro perdido por poco, pero que es más que legítimo realizar, sobre todo leyendo una de las frases más bellas y montessorianas del prior de Barbiana, en su *Carta a los jueces:* «Y entonces el maestro debe ser, en cuanto pueda, profeta, escudriñando los "signos de los tiempos", adivinando en los ojos de los niños las cosas bellas que verán claramente mañana y que sólo vemos de manera confusa»; tarea extraordinaria y ambiciosa, que ciertamente resuena en el corazón y en la mente de padres y maestros, compañeros de un camino para el que no siempre nos sentimos preparados, pero que las palabras y prácticas de Maria Montessori realmente pueden iluminar.

Apéndice

Direcciones útiles

★ **Fondazione Montessori Italia**
Piazzetta Anfiteatro, 8
38122 Trento
www.fondazionemontessori.it

★ **Opera Nazionale Montessori**
Via di San Gallicano, 7
00153 Roma
Tel.: 06 584865 - 587959
Email: info@montessori.it
www.operanazionalemontessori.it

★ **Percorsi per Crescere**
Via Roma, 69/c
21053 Castellanza (Varese)
Tel.: 0331 500230
Email: info@percorsipercrescere.it
www.percorsipercrescere.it

★ **Otras institucionales nacionales:**
Hay más de cincuenta centros de formación en todo el mundo. Para
localizarlos: www.montessori-ami.org (centros de formación)

★ **Asociación Montessori de Francia (AMF)**
Rue Jean-Monnet 1-7
94130 Nogent sur Marne - Francia
Tel.: + 33 1 84 16 32 97
Email: amf@montessori-france.asso.fr
www.montessori-france.asso.fr

Asociación Internacional Montessori (AMI)
Koninginneweg 161
1075 CN Ámsterdam - Países Bajos
Tel.: + 31 20 67 98 932
Email: info@montessori-ami.org
www.montessori-ami.org

Instituto Internacional Montessori IMI
Formación *online* en pedagogía Montessori
Paseo de Gracia, 101
08008 Barcelona - España
Tel.: +34 931 029 780 / +34 638 645 662
Email: imi@montessorispace.com
https://montessorispace.com

Instituto Superior Maria Montessori (ISMM)
El ISMM ofrece cursos de formación para educadores Montessori para
niños de 0 a 3 años y de 3 a 6 años y cursos de actualización para
asistentes Montessori. Los centros están uno en París y otro en Lyon.
Rue Jean-Monnet 1-7
94130 Nogent sur Marne - Francia
Tel.: + 33 1 48 72 95 20
Email: contact@formation-montessori.fr
www.formacion-montessori.fr

Bibliografía

Obras de Maria Montessori

L'autoeducazione nelle scuole elementari (1916), I saggi del Corriere della Sera, Milán, 2018.

Il bambino in familia (1936), I saggi del Corriere della Sera, Milán, 2018.

Il segreto dell'infanzia, (1938), Garzanti, Milán, 1990.

Educazione per un mondo nuovo (1946), I saggi del Corriere della Sera, Milán, 2018.

Educazione per un mondo nuovo (1946), Garzanti, Milán, 2000.

«Educare il bambino, rispettandolo. Consigli ai maestri» (1947), en *Quaderno Montessori*, invierno 1996-1997, pp. 97-103.

Educazione e pace (1949), Opera Nazionale Montessori, Roma, 2004.

Educazione e pace (1949), Garzanti, Milán, 1951.

Dall'infanzia all'adolescenza (1949), Franco Angeli, Roma, 2019.

La formazione dell'uomo (1949), Garzanti, Milán. 1993.

La scoperta del bambino (1950), Garzanti, Milán, 1991.

La scoperta del bambino (1950), I saggi del Corriere della Sera, Milán, 2018.

La mente del bambino (1952), Garzanti, Milán, 1992.

La mente del bambino (1952), I saggi del Corriere della Sera, Milán, 2018.

Educare alla libertà, Mondadori, Milán, 2008.

Psicogeometria, Opera Nazionale Montessori, Roma, 2011.

Maria Montessori: Educazione e pace, Convegno internazionale 3 ottobre 2015, Il leone verde, Turín, 2016.

Maria Montessori parla ai genitori, Il leone verde, Turín, 2018.

«Il bambino: l'eterno Messia», discurso en Adyar en 1939, extraído de la revista teosófica *FOTA*.

Otros trabajos

ALFIE KOHN: *Amarli senza se e senza ma*, Il leone verde, Turín, 2010.

ANGELINE STOLL LILLARD: *Montessori: The Science behind the Genius*, Oxford University Press, Oxford, 2008.

ARNO STERN: *I bambini senza età*, Luni Editrice, Milán, 1989.

—: *Dal disegno infantile alla semiologia dell'espressione*, Armando editore, Roma, 2003.

CHARLOTTE POUSSIN, HADRIEN ROCHE, NADIA HAMIDI: *Il metodo Montessori da 6 a 12 anni per crescere tuo figlio e aiutarlo a sviluppare la sua autonomia*, Giunti, Florencia, 2018.

DANIEL J. SIEGEL, HARTZELL: *Errori da non ripetere. Come la conoscenza della propria storia aiuta a essere genitori,* Raffaello Cortina, Milán, 2005.

DANIEL J. SIEGEL, TINA PAYNE BRYSON: *12 strategie rivoluzionarie per favorire lo sviluppo mentale del bambino,* Raffaello Cortina, Milán, 2012.

EDWIN MORTIMER STANDING (1957): *Maria Montessori. Her Life and Work*, Penguin Plume Books, Nueva York, 1984.

ELENA BALSAMO: *Libertà e amore. L'approccio Montessori per un'educazione secondo natura*, Il leone verde, Turín, 2010.

JANUSZ KORCZACK: *Come amare il bambino*, Luni editrice, Milán, 2018.

MANITONQUAT: *Crescere insieme nella gioia*, Il leone verde, Turín, 2014.

MARSHALL BERTRAND ROSENBERG: *Crescere i bambini con la comunicazione non-violenta*, Esserci, Reggio Emilia, 2012.

—: *Le parole sono finestre (oppure muri). Introduzione alla comunicazione nonviolenta*, Esserci edizioni, Reggio Emilia, 2018.

RENATO FOSCHI: *Maria Montessori*, Ediesse, Roma, 2012.

Agradecimientos

El momento de cerrar un libro que inicia su viaje de la mano de diferentes personas, entra en hogares y escuelas, se convierte en un regalo para uno mismo o para los demás, siempre es también el momento en que quien escribió esas páginas da vueltas y vueltas, dando las gracias a aquellos que permitieron que esas palabras e imágenes tomaran forma. Como autoras, queremos en primer lugar agradecer a nuestros hijos e hijas, que son nuestros maestros en esta fase adulta de la larga infancia humana de la que habla Maria Montessori. Maestros que nos permitieron comprendernos a nosotros mismos mientras intentábamos (e intentamos) comprenderlos a ellos. Y luego los niños y niñas que encontramos en nuestro camino, a quienes acompañamos durante una parte de sus vidas y que nos permiten ampliar nuestra mirada sobre las infinitas facetas del alma humana. Este libro existe sin duda gracias a ellos y a las personas que recorrieron ese camino Montessori antes que nosotras y luego con nosotras, los compañeros con los que hemos trabajado a lo largo de los años en proyectos escolares valientes y capaces de cumplir las necesidades y sueños de muchos adultos y niños, y luego los formadores que conocimos, con especial referencia a la Fundación Montessori Italia, una organización en la que nuestras habilidades han sido vistas y valoradas. Hemos completado otra parte del viaje también gracias a quienes quisieron y crearon este libro. Esperamos que también sea un motivo para que todo lector sienta gratitud por una mujer extraordinaria y por quienes intentan seguir su rastro.

Las autoras

Sonia Coluccelli, editora del libro, es licenciada en Filosofía. Profesora de primaria desde 1995, es coordinadora y responsable de formación de Re.Mo. (Red de Escuelas Montessori) así como formadora en cursos para profesores y padres. Como autora, ha publicado una docena de ensayos pedagógicos sobre la actualidad del pensamiento de Maria Montessori. También supervisa experiencias que interpretan el pensamiento Montessori a la luz de las cuestiones educativas contemporáneas y de las aportaciones más recientes de la pedagogía activa.

Silvia Pietrantonio es profesora de historia y filosofía y formadora de Re.Mo. (Red de Escuelas Montessori). Es coautora con Sonia Coluccelli del libro *Il metodo Montessori oggi* (Erickson, 2017) y de diversos artículos sobre el tema. Fundó y preside la Asociación Libera-Mente, que en 2014 dio origen a la primera experiencia de escuela de padres Montessori en Trentino.

Silvia Sapori Tirelli es madre de cuatro hijos escolarizados en itinerarios Montessori, tanto en escuelas públicas como parentales. Se especializó en el método Montessori para las edades de 3/6 y 6/11 años. Hoy es coordinadora de la Casa de Niños y Escuela Primaria Montessori creada por la Associazione Semi di senape en Pavía.

Roberta Raco es formadora senior de la Fundación Montessori Italia. Desde 2014 es profesora y coordinadora de la Casa de Niños Villa Clara Vigliani de Candelo, en la provincia de Biella. Practicante según el enfoque de Arno Stern, se encarga de dirigir el taller de la misma escuela.